福祉環境と生活経営

―福祉ミックス時代の自立と共同―

(社)日本家政学会
生活経営学部会
編

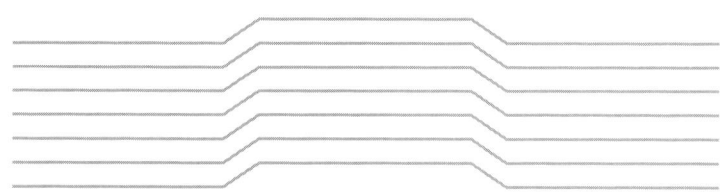

朝倉書店

執筆者

伊 藤 セ ツ*	昭和女子大学
宮 本 み ち 子	千葉大学
松 村 祥 子*	放送大学
久 保 桂 子*	戸板女子短期大学
高 田 洋 子	福井大学
大 竹 美 登 利	東京学芸大学
永 原 朗 子	山口大学
金 田 利 子	静岡大学
根 笈 美 代 子	大分大学
堀 越 栄 子*	日本女子大学
川 島 美 保	東京都立短期大学
石 田 好 江*	愛知淑徳大学
丸 山 桂	恵泉女学園大学
赤 塚 朋 子*	宇都宮大学
松 葉 口 玲 子	鳴門教育大学
御 船 美 智 子*	お茶の水女子大学
内 藤 道 子	東京文化短期大学
天 野 晴 子	日本女子大学

* 編集担当

はじめに

　少子高齢化，男女の役割変化，経済の構造変化に伴う社会組織の再編など，多くの課題を抱える現在の日本人の生活の内実を高め安定したものとするためには，何が必要なのであろうか．

　生活者の立場から，個人，家族と社会の関係を分析し，そこで最も必要な社会的方策を検討するとともに，個人や家族の持てる力を最大に発揮するための生活の仕方が追究されなければならない．本書では，生活をとりまく家族，地域，企業および行政の直面している状況を明らかにするなかで，生活者がどのように生活形成をしていくことが必要であるかについての道筋を示すことがねらいとされている．

　この40年余の経過によって，年金，医療および社会福祉サービスはすでに日本人の生活の重要な構成要素となっている．しかし，近年の福祉改革で目ざされている福祉ミックス（自助，共助，公助の再編）体制では，生活の自己責任が強調され，公的支援は縮小の兆しをみせている．こうした転換期の福祉環境形成の決め手は，生活者の社会福祉への関心，理解，参加の仕方にあるといえよう．生活行動として福祉環境を適切に利用してそこで必要な義務を果たすことはいうまでもないが，政治行動や社会行動においても積極的に福祉環境づくりに関わっていかなければならないのである．

　生活経営学部会の30周年記念事業として，これまでの部会の研究成果を集約した本書が，生活経営学や生活論の教科書として使われ，同学の後進たちの育成に資することができれば幸いである．さらに，社会福祉や教育分野のテキストとして，実践の場や研究会などで取り上げていただくことも願っている．

　『福祉環境と生活経営 ―福祉ミックス時代の自立と共同―』というタイトルに表現されるように，福祉環境の変化のなかで，どのような方向で生活を経営していくのか．本書では，年齢，性，職業にとらわれず生活者が個性的な生活形成をしていくための社会的諸条件の整備と生活者自身のエンパワーメントをめぐる論議が

展開されている．また，自立と共同の意味，内容の変化や新時代の生活者の自立と共同を可能にする具体的な活動についても扱っているので，福祉社会論，男女共同参画社会論としても有効な素材と視点を提供している．

　生活経営学部会は，全国におよそ300名の会員をもつ生活に関する研究教育組織である．1997年以降名称変更したが，従来は家庭経営学部会と称していた．10周年記念として『日本型福祉社会と家庭経営』，20周年には『21世紀のライフスタイル』，そして25周年には『転換期の家族』（翻訳）を記念出版として刊行し，その時々の課題に対する問題意識と研究成果を世に問うてきた．いずれも大きな反響があり，部会をこえたさまざまな分野の方がたに取り上げていただくことができた．

　今，社会と生活の激動に戸惑う各界にとって，生活の安定と改善の水先案内役を本書が果せるようにと願っている．

　2000年3月

（社）日本家政学会生活経営学部会
30周年記念出版編集委員会

目　　次

1. 今，なぜ，生活者の自立と共同か（編集担当：松村祥子）

1.1　生活者の自立とは何か ……………………………………（伊藤セツ）… 1
　a．自立はいろいろと問題にされる…………………………………………… 1
　b．家政学領域での自立の定義………………………………………………… 3
　c．社会福祉領域での自立概念………………………………………………… 4
　d．生活経営学領域の自立概念への新しい挑戦……………………………… 6
　e．生活の自立を支援する生活環境としての生活の社会化
　　　―生活支援の供給主体― ………………………………………………… 7
　f．生活者の自立支援の福祉環境としての「社会的経済」組織と
　　　セーフティネット………………………………………………………… 9
1.2　自立と共同がコンセプトとなる時代を考える …………（宮本みち子）… 11
　a．モダニティとポスト/高度モダニティ …………………………………… 12
　b．サッチャリズムの展開と歴史的意味 ……………………………………… 15
　c．なぜ「自立」が時代の価値になるのか―日本の事情― ………………… 17
　d．家族の個人化とライフコースの個人化 …………………………………… 18
　e．生活主体の新しい政治スタイルを求めて ………………………………… 20
1.3　福祉ミックス時代の生活課題 ………………………………（松村祥子）… 21
　a．「福祉ミックス」とは何か ………………………………………………… 22
　b．「福祉ミックス」による生活者の立場の変化……………………………… 26
　c．福祉ミックス時代の生活経営 ……………………………………………… 29

2. 家族・地域のなかでの自立と共同（編集担当：久保桂子）

2.1　子どもの自立と福祉 …………………………………………（久保桂子）… 33
　a．子ども期と子ども観の変化 ………………………………………………… 33

b．子どもをめぐる生活の現状 …………………………………… 36
　　c．子どもの自立を支える生活資源と福祉環境 ………………… 41
2.2　高齢者の自立を支えるネットワーク ……………（高田洋子）… 43
　　a．高齢者を取り巻く家族と地域の変化 ………………………… 43
　　b．高齢者の生活課題 ……………………………………………… 46
　　c．高齢者とネットワーク ………………………………………… 48
　　d．高齢期を考える新しい経験 …………………………………… 50
　　e．高齢者の自立と共生 …………………………………………… 53
2.3　家族・地域への男女の共同参画 ……………………………… 54
　　a．社会の変化と男女の関係 ………………………（大竹美登利）… 54
　　b．男女の自立と共同参画をめぐる現状と課題 …………（永原朗子）… 57

3．福祉における産業化と市民化 （編集担当：堀越栄子）

3.1　保育所と企業ベビーシッティングサービス ……………（金田利子）… 65
　　a．今日の多様な子育て自立支援形態における両者の位置 ……… 65
　　b．保育所の誕生と制度的推移 …………………………………… 66
　　c．企業ベビーシッティングの誕生・経緯と実態 ……………… 70
　　d．保育内容・方法の面からみた両者の違いと生活戦略 ……… 73
3.2　高齢者介護の自助・共助・公助 ………………（根笈美代子）… 76
　　a．介護問題は高齢社会の最大の課題 …………………………… 77
　　b．介護保険は「社会保障構造改革の第一歩」という位置づけ … 78
　　c．介護サービスの対象者 ………………………………………… 79
　　d．自立支援のためのサービスに向けて ………………………… 81
　　e．高齢者支援のニュービジネスの参入と複合・拡大する
　　　　在宅介護サービス ……………………………………………… 85
3.3　生活自立支援サービスにおける産業化と市民化 ………（堀越栄子）… 87
　　a．生活自立支援サービスの提供・利用構造 …………………… 89
　　b．サービス提供体制の「産業化」「市民化」 …………………… 92
　　c．「利用者本位」の生活自立支援サービスと生活経営 ………… 96

4. 企業社会の変容と生活保障 (編集担当：石田好江)

4.1 企業社会の変容と生活者の自立と共同 ……………(川島美保)… 101
- a. 企業社会における「共同性」の限界……………………………… 102
- b. 経済のグローバル化と企業社会における「共同性」の揺らぎ……… 106
- c. 男女労働者の自立と共同の新しい枠組みの構築に向けて………… 111

4.2 福利厚生施策と生活者の自立と共同 ……………(石田好江)… 113
- a. 企業の福利厚生の現状……………………………………………… 114
- b. 福利厚生施策の労務管理機能と社会保障補完機能………………… 115
- c. 企業の福利厚生施策と生活者の自立………………………………… 116
- d. 企業社会の変化と企業の福利厚生施策の変容……………………… 119
- e. 企業の福利厚生施策の変容と生活者の自立と共同………………… 121

4.3 年金制度と生活者の自立と共同 ……………(丸山 桂)… 124
- a. 公的年金制度の仕組みと役割……………………………………… 124
- b. 老後の所得保障の多元化と生活者の自立と共同…………………… 125
- c. 年金制度の課題と改革の方向性……………………………………… 126

5. 時代を拓く自立と共同 (編集担当：御船美智子)

5.1 自立を支える新しい生活共同 ……………(赤塚朋子)… 133
- a. 自立を支える生活の共同……………………………………………… 133
- b. 生活共同の現状……………………………………………………… 137
- c. 新しい生活共同の課題………………………………………………… 139

5.2 生活主体の構築と教育・学習 ……………(松葉口玲子)… 142
- a. 生活主体とは何か…………………………………………………… 142
- b. 生活主体構築機能の諸相と共同のシステム……………………… 145
- c. 新たな共同のシステムを求めて……………………………………… 149

5.3 生活経営主体のエンパワーメント ……………(御船美智子)… 151
- a. 生活経営学の今とエンパワーメント………………………………… 152
- b. 生活の社会環境変化と個人モデル…………………………………… 153
- c. 生活主体と生活経営………………………………………………… 154

d．主体性と生活主体形成………………………………………… 157
　　　e．エンパワーと生活経営学 …………………………………… 159

基礎資料 ……………………………………(松村祥子・赤塚朋子)… 165
　A．図　　表 ……………………………………………………… 165
　B．用　　語 ……………………………………………………… 168
あとがき……………………………………………………………… 171
索　引………………………………………………………………… 173

───────────コラム───────────
　　コラム1　「依存」のパラダイム転換　(伊藤セツ)　11
　　コラム2　生活者　(内藤道子)　31
　　コラム3　社会的ネットワーク　(久保桂子)　44
　　コラム4　アンペイドワーク　(天野晴子)　64
　　コラム5　特定非営利活動促進法（NPO法）（堀越栄子）　88
　　コラム6　企業社会　(石田好江)　112
　　コラム7　エンパワーメント　(御船美智子)　151

1. 今，なぜ，生活者の自立と共同か

1.1 生活者の自立とは何か

　ここでは，「生活者の自立」とは何かについて，生活経営学部会の共通認識の深まりに沿いながら，他分野の動向も取り入れ，現時点での新たな考え方を提起したい．

a. 自立はいろいろと問題にされる

　人間が生まれて，生命を終えるまで生き続けることは，すなわち生活することである．その状態（空間的活動の範囲）や質（精神的・物質的）に相違はあれ，いわゆる生活しない人間はいない．だから人間はその限りにおいてすべて生活者である．もともと自然の一部であり，動物の一種にすぎない人間が生きることを，他の動物が生きることと区別するのは，人間は本能によってではなく，一人ひとり（本人の精神活動が何らかの障害によって停止し切っている場合でもその人と関連する他者によって）が，何らかの目的をもって生活するということであろう．人間は，人間以外の自然になすすべもなく身をゆだねて生きるのではない．人間は，ある目的に向かって生活を築くのである．その目的は個人によって多様であるが，目的を達成するプロセスとその結果は，決して孤立したものではなく，個人，家庭，地域，社会，国家，そして国際社会，地球環境と連なっている．そこには相互関係とともに，お互いに相容れない矛盾もある．例えば，人間のある種の目的は，自然をつくり変え，そのことによって自然を破壊したり，戦

争を繰り返して人間同士殺しあったり，利潤追求のために，少数者が多数を搾取したりする．

　人権思想が普遍的なものとなるに従い，どんな人間も生まれながらに，人間として尊ばれなければならないという考えが一般化する．そのとき，どんな人間も自立した人間として他と人間関係を結ぶのが理想となる．しかし，人間個々人はまず，生まれながらに自立しているわけではない．自立を助ける親やその他の支援が存在する．また，ある年齢で誰しもが自立が可能な状態になるとは限らない．障害をもって生まれた場合は特別の支援が必要とされる．壮年期の人生の起伏のなかでも，人は必ずしも個人で自立状態を継続できるとは限らない．失業や事故とは常に隣り合わせである．高齢期には，時間的差，個人差はあれ，ある種・ある側面の自立を失う場合がむしろ自然である．

　しかし，読者はここで自立とは何かときっと疑問に思うに違いない．それを考え，生活者の自立とは何かと問題を限定して，生活経営学的立場からの考えを示すのが，本章の課題である．

　生活経営学分野を含む諸分野の，自立という問題に関する1990年代初めまでの先行文献レビューは，堀内かおる（1993）によって行われている．その部分は，堀内の研究に負うところが多いが，筆者もそれを共有した堀内の自立の定義は次の通りであった（同上，p. 85）．

　「自立」の状態とは第一に自己生活管理が可能な状態であり，第二に他者と関わり合いながら協調・共同の生活ができ，かつ自己を見失わず主体的に行動できる状態である．

　「自立」とは，決して自分一人で立っている状態を意味しない．人間が社会的存在である以上，他者との関わりのなかでいかに主体的に生きていくことができるか，ということが「人間らしく」生きていくうえでの人びとの共通の課題であろう．このような「自立」の状態を可能なものにするためには，個人が主体的でありうるだけの力を身につけると同時に，どのような状態にある個人も「主体」でありうるような，社会的援助システムが必要である（同上）．

　自立（independence）の対語は依存（dependence）である．自立は，「子どもの自立」-「子どもからの自立」，「女性の自立」-「男性の生活的自立」，「自立型夫婦関係」，「障害者の自立」，「高齢者の自立」，「被保護世帯の社会的自立」，「自

立支援」,「生活の自助と自立」のように多様な局面で,具体的に表現される.

　筆者は,本書の性格からして,第一に,家政学と福祉の分野でどう問題にされてきたかをまず取り上げ,第二に,それらを総合したものとしての新しい生活経営学領域での最近の研究動向,第三に,生活の社会化論を生活の自立を支援する環境としてとらえる視点を提起したい.

b. 家政学領域での自立の定義

　家政学の領域においては,「自立」は主として従来の家庭経営学で取り上げられてきた.湯川隆子(1988, pp. 91-111)は,「自立能力としての家庭の創造・管理能力」という観点から,家庭生活と「自立」との関わりについて論じている.湯川によると,「自立」は「個の形成・確立,主体的な自己の形成・確立」と定義され,「自己が確立していくこととは,他者との関係のなかでそれが果たされていくこと」であり,「自己の形成にとって他者の存在は不可欠」なために,上記のような「自立」は,「家庭の創造・管理能力」,すなわち「自己の家庭観や家庭像にしたがって,特定の他者と『家庭』という一つのまとまりのある生活という場を伴った集団,すなわちネットワークを形成する営みないしは行為」と共通するものという見解を示した.湯川は「自立」を達成するうえで,「他者との関わり」を重視し,「自立」そして「家庭管理能力」は,生得的に能力が備わっているものではなく,「他者との関わり」を通して習得されていくものであり,生得的な男女差も否定されることを指摘する.

　「家庭生活における自己管理能力」といえるこのような「自立」の諸相は,性別役割分業が男性・女性それぞれの能力の一面の発達を妨げていることを示唆するものである.天野寛子(1989, pp. 157-198)は,「一般に『自立』というとき,① 経済的自立能力,② 精神的自立能力,③ 生活技術的自立能力を兼ね備えていることを前提にしている」と述べ,生活技術習得の必要性を説いている.「刃物,針,火,水,土を自由自在に使いこなす技術は,人間らしさの基本である」とし,「実生活のなかにこれらを含む生活行動を何らかの形でもつことが,その人自身を自己確認する一つの手段になるだろう」という見解は,人間教育としての普遍性をもつものである.したがってこのような生活技術を習得するうえで,性別役割分業は当然,否定されなければならないものと見なされる.

家族関係に関する文献のなかで谷田沢典子（1991, pp. 81-98）は，「自立」を，① 身辺の自立，② 経済的自立，③ 情緒的自立，の三つの側面からとらえている．また，中間美砂子（1991, pp. 57-82）は，これからの夫婦関係のあり方として，「自立型夫婦関係」を提示している．これは「個人の尊厳を重視する考え方に基づく共有部分の少ない夫婦」のことであり，ここでの「自立」とは，夫，妻それぞれが自分の生き方をもち，配偶者に依存しきっていない状態であることを意味している．

袖井孝子（1992）は，「自立」概念の曖昧さを指摘したうえで，「自立」を「自分の力では生活を営むことの困難なものが，何らかの援助を得て自分の力で生活できるようになり，自分の生き方に自信や誇りを持つようになること」と定義している．さらに，「『他者に頼らないこと』を強制されるのは自立ではない」とし，「自立を可能にする社会的諸条件を整備」したうえで「自己選択，自己決定，自己充足」が満たされることの必要性を強調した．

坂本武人（1993, p. 90）は，自立を，身体的自立，精神的自立，生活的自立，社会的自立，経済的自立と五つに区分している．しかし，これらは総合的にとらえられなければならないし，ばらばらでは意味がない．

1990年代後半，生活経営学部会は，生活の自立とともに生活の共同について相互関係をもつものとして注目し始めたが，これは，上記袖井や福祉領域での見解の発展に呼応するものであった．

c. 社会福祉領域での自立概念

社会福祉の領域では，当初「被保護世帯の自立」「障害者の自立」「高齢者の自立」というように表現された．

「被保護世帯の自立」は，一般には「保護を受けないですむようになる」，「障害者の自立」は，「障害を克服して社会経済活動に参与する」ことと解釈され，特に全身性障害者については，前述の概念に加えて「労働力としての社会復帰が期待できない重度障害者が社会の一員として意義ある自己実現と社会参加をはたそうとする努力を社会的に位置づけようとするもの」（河野康徳，1984, pp. 3-13）と見なされた．すなわち「自立」とは，「自らの判断と決定により主体的に生き，その行動について自ら責任を負う」ことと定義されていた（同上）．

また「要介護老人の『自立』」という場合には，寝たきりになることを防ぎ，日常生活能力の回復を目ざし，自分のことを自分で行えるようになることを意味（高原須美子, 1989）した．

白沢久一ら（1984）は，生活保護世帯の「社会的自立」のために「生活力の形成」を目ざした生活教育の必要性を説き，社会福祉主事の任務と課題について提言している．白沢らの主張は，貧困世帯に対する生活保護を行ううえで，個々の世帯が「生活力」を習得するための教育的な働きかけを行う必要性を指摘したものである．被保護世帯が自らの生活を主体的に管理し，労働する意欲をもつことによって，貧困から脱出するための道が開けることになる．すなわち，白沢らは，生活保護の制度面の改善より，むしろ被保護世帯が自らの力で社会生活を営む力を付けていくことに重点を置いている．ここで取り上げられている「自立」は，「外的には，生活の基盤を強めること，内的には生活能力，生活知識・生活意欲・生活技術を身につけること」とされ，「人格的自立」「日常生活における自立」「労働における自立」「経済的自立」の四点を柱とする概念を「社会的自立」と定義している．「経済的自立」については，「労働によって経済的に自立できることが本来であるが，社会資源の活用，年金，社会扶助によっても経済的に自立できることが望まれる」とあるように，労働によって収入を得ることに限らないものである．

このように，生活の自助と自立は，社会福祉のテーマであった．古川孝順（1995, pp. 9-10）は，これまで「社会福祉における自立とは，伝統的に，社会福祉の利用を必要としない生活状態にあることを意味し，可及的速やかにそのような状態に復帰することが期待され，そのための援助が展開されてきた」が，「今日，自立生活の回復，維持，向上という場合，それは必ずしも社会福祉から脱却した生活への復帰を意味するものではない．自立生活概念のなかには，社会福祉の利用を含む，あるいはその利用を前提とする自立という観念が含まれている」と言っている．

こうした自立のとらえ方は，1990年代後半の生活経営学の方向と合流する．しかし，2000年4月から導入の「介護保険」での「介護」を認定する基準では要支援，要介護以外のものをあえて「自立」と呼び，自立を身体的に狭義の意味で用いていることに注意を要する．

d. 生活経営学領域の自立概念への新しい挑戦

かねてより，生活経営学は，家族・家庭の家族員を中心としながら，それを取り巻く社会環境を問題にしてきた．役割分担を基礎に置く家庭から，共働きの家事・子育ての問題に目を転じたとき，男女平等や保育所，家事労働の社会化の研究へと視野を広げていった．高度経済成長と大量生産・大量消費がもたらす家庭生活に関わるすべての側面の商品化，消費者ニーズを先取りした家庭生活のサービス化に対して，家庭の内堀と外堀の家庭管理の必要性が強調され，研究のテーマもそれに対応するものとなった（宮崎礼子，1989, pp. 9-13）．他方，時の政府は，役割分担型がもたらす家庭内の女性の労働を含み資産として当て込んだ「日本型福祉社会」のレールを敷いて，生活者の福祉要求をそらそうとした．

しかし，女性労働の社会的進出，急速な勢いで進む高齢社会，少子化がもたらす家庭・社会問題，多様な家族形態の存在と単身世帯の増加，ひいては長く続く不況と未曾有のリストラによる失業という現象は，福祉の利用者を従来の特定層からすべての人びとへと層を広げずにはおかなかった．内堀と外堀の総合的家庭管理は，その延長としてではあるが，質的にも転換した家庭と社会のインターフェイス（interface＝相互関連）への管理能力，これを元IFHE会長，マリア・ティーレ-ヴィッティヒ（Tiele-Wittig, 1992）は，「新家事労働」（new household work）と呼んだ．すなわち，総合的生活経営能力を人びとに要求したのである．

他方，人権思想・ノーマライゼーション思想（多様な差異をもった人間を，特殊な社会に囲い込むのではなく，普通の社会のなかに統合して常態化していこうとする人権尊重の考え方）の広がりと，高校家庭科の男女必修，男女共同参画型社会，ジェンダーフリー（男らしさ・女らしさを求める社会的風潮・規範から自由に生きること）の行政をも巻き込んだ社会風潮，個人単位型社会への錯綜・矛盾に満ちた流れは，男女個々人を，多様な意味での自立へと方向づけずにはおかない．

生活経営学領域では，1997年以降，こうしたバックグラウンドをもつ個人化の進展のなかで，個人の自立と共同の可能性が追究されてきた．真の自立は，それに必要な社会的基盤つまり福祉環境づくりなしにはありえないというのが，生活経営学研究30年の共通理解となった．さらに自立に自己決定権という切り口

も加わった．生活経営学領域では，子どもの自立と親，両性の公正な自立，高齢者の自立などを取り上げるとき，自立支援の社会的あり方へ必然的に目が向いた．

福祉における自立支援には二つの形態があるとされる．第一は，自立生活促進の支援活動である．児童，傷病者，障害者などに働きかけ，彼らが自立生活の基盤となる身体的，精神的，社会的，さらには経済的な諸能力を，みずからの主体的な努力のなかで獲得し，回復させ，あるいは開発し，向上させる過程を側面的に援助し，促進する支援の形態である．第二は，自立生活を支えるための支援活動である．これは，独力で自立生活を維持することができず，将来的にも自立能力の獲得を期待することがむずかしい人びとへの支援であり，これによって依存を前提とする生活の自立が可能となる（古川孝順，1995, p.27）．

生活経営は，家庭の内堀，外堀を視野に入れた次元から，家庭と社会のインターフェイスを経て，生活者を取り巻く自立支援の福祉環境ともいうべきものへと視線を移していく．生活者の自立とは，個人や家庭の枠をこえて，自立の対語である「依存」を前提にした自立さえも包含するものへとパラダイムを転換していく．「『他者に頼らないこと』を強制されるのは自立ではない」という前述袖井の考え方がこれである．そのためには，社会的福祉インフラストラクチュアの整備が必要であり，福祉環境づくりが考慮されなければならない．それをニーズとして社会的に認知させ，福祉供給システムに問題提起し，直接・間接に参加して実現させる生活主体が，自立した生活者ということになる．

e．生活の自立を支援する生活環境としての生活の社会化
　　　　―生活支援の供給主体―

筆者は，従来の生活経営論の研究に際して，家事労働の社会化，生活の社会化現象に着目し続けてきた（伊藤セツ，1990, pp.255-275）．その際，社会化の主体を，筆者は，市場経済の日本の現実を観察して，①私企業労働（産業労働），②互助的・協同組合的労働，③公務労働（含む第三セクター）に三分類した．1970年代から1980年代までは自由競争を前提とした資本主義体制下の私企業よりも革新自治体の政策に，日本型福祉社会よりも北欧型福祉国家に，ひいては計画経済の社会主義国家に，生活主体のニーズと一体となった生活の社会化の徹底と実現を期待した．したがって③の公務労働による生活の社会化にプライオリ

ティを置いたのである．その意味では，「生活人として経験する人生の苦労や困難に対し，家族や市場が十分に対応しきれない部分に公的介入を行うという図式でその制度を発展させてきた」（松原一郎, 1995, p. 247）従来の社会福祉の考え方と共通していた．

こうした生活の社会化論は，生活経営学部会30年の歴史の間にドラスチックに転変した．サッチャー政権によるイギリス福祉国家の転覆，東欧・ソ連の社会主義の崩壊と，他の社会主義の市場経済化，ジェンダーフリーの政策を大胆に打ち出す北欧福祉国家，グローバルなボランタリズムやNPO・NGOの自主的活動の存在（川口清史, 1999）という国際的動向ばかりでなく，足下の日本の，規制緩和と自由競争万能の経済政策，行動・時間・空間・金銭の面での生活の個人化・個別化の進展という動きのなかで再構成されなければならなくなった．

家事労働の社会化，生活の社会化は，実は，こうした国際的・国内的動向のなかで，個々人の生活の自立を支援する生活環境の醸成，多様な側面を配慮して現実から出発した福祉環境の醸成というパラダイムでとらえられなければならなくなったのである．

家事労働の社会化の内容は，第一に育児，第二に介護（世話）という家族員を対象とするものであり，第三に衣食住という生活手段に関する消費労働の社会化であった．第一と第二は，第三と独立して存在するものではない．第一と第二は，すべて第三の衣食住に関する生活行動を伴うのである．育児や介護は，家事労働の範囲をこえ，衣食住を含めて生活の社会化という範疇に統合される．

多様な形態の保育所，保育士，ベビーシッター，高齢者・障害者の在宅福祉サービス，入浴サービスや食事サービス，デイケアセンター，ショートステイ，グループハウス，各種老人ホーム，社会福祉士，介護福祉士，ケアワーカーなどの存在そのものが，生活の社会化の具現である．家族員個々人の生涯発達と自立はこうした生活の社会化という支援なしにはトータルとしてもはやありえない．生活の社会化は今では以前には考えられなかった規模で普遍化し，一般化している．そしてこの生活の社会化の担い手の主体が多様化しているのである．

これを日本の現実に照らして，生活の自立と関わらせる理論が必要である．生活の社会化の担い手の主体の多様化はまた，生活の社会化へのニーズやユーザーの多様化・広がりの反映でもあり，公的セクターの分権化と地域化を意味してい

る．これは，本章 1.3 節で松村が取り上げる「福祉ミックス」（福祉多元主義）と関連する．

f．生活者の自立支援の福祉環境としての「社会的経済」組織とセーフティネット

　生活経営学部会は，1990 年代の後半，「個人の自立・自由とそれを支える生活の共同をどうすれば実現できるか」という問題意識から「個人化する社会の生活経営―個人の自立と共同の可能性」（1997 年夏期セミナーテーマ）を追求し，さらにそれを掘り下げるために「高齢社会が問いかける 21 世紀の生活経営―生活の自己決定権と共同の枠組み」（1998 年夏期セミナーテーマ），ひいては 1999 年国際高齢者年にちなんで，高齢者の自立に視点を据えた議論を積み重ねてきた．高齢者の比率を高めていく社会での生活者の自立は今日，ともすれば政治や経済の操作手段とされる危険にさらされている．自己決定，自己責任，自立生活が本来とは異なるすりかえられた意味で鼓舞されるようになる．生活経営学部会はこの点を決して見逃さない．セミナーの討論で何度も確認されたように，生活者の発達を保障し生涯生活の安定をもたらすという意味での「自立」とその支援システム「共同」の枠組み，生活者の主導による福祉環境づくりが追求されなければならない．

　個人の自立や自己決定権を支える福祉環境とは何だろうか．どのようにしてそれをつくるのか．この問題については，筆者はまだ仮説の域を出ないが，経済的には，市場経済下で非営利を目的とした「社会的経済」組織の拡大，制度的には，市場競争の世界での信頼や協力の制度としての「セーフティネット」の存在が前提となると考える．少子高齢・ジェンダーフリー・人権尊重・多様化・参画型社会の 21 世紀で，個々人の自立に必要なのは，労働権，所得保障，ペイエクイティ，医療保障，福祉サービス，バリアフリー，ユニバーサルデザインなどの生活環境・福祉環境であるが，そのためには，上記の二つ（「社会的経済」組織と「セーフティネット」）が欠かせないであろう．

　社会的経済組織とは，営利目的ではなく社会的自立を実現するために経済活動をする開放的，自立的，民主的な組織であり，「社会的経済」とは，このような社会経済組織が行う経済活動である（富沢賢治，1999, p. 21）．セーフティネッ

トとは，市場の破綻を防ぐ仕組みあるいは，市場化の限界を社会経済的に処理するシステムである（金子 勝，1999）．金子は「絶えず自己決定権と社会的共同性の相互関係を問い直しながら，セーフティネットを張り替える」必要を説く．

　生活経営視点に立つ生活者の主体的自立論も，これまでもそうであったが，生活経営の実態に則しながら，こうした社会科学のフロンティアの理論とブリッジしながら常に再構築していく必要があろう．

（伊藤セツ）

文　　献

天野寛子，1989，「生活技術」宮崎礼子・伊藤セツ編『家庭管理論（新版）』有斐閣
伊藤セツ，1990，『家庭経済学』有斐閣
金子　勝，1999，『セーフティネットの政治経済学』筑摩書房
川口清史，1999，『ヨーロッパの福祉ミックスと非営利・協同組織』大月書店
河野康徳，1984，「全身性障害者の状況」仲村優一・板山賢治編『自立生活への道』全国社会福祉協議会
坂本武人，1993，『自立と選択の家庭経営』ミネルヴァ書房
白沢久一・宮武正明，1984，『生活力の形成―社会福祉主事の新しい課題―』勁草書房
袖井孝子，1992，「高齢者の自立―その意味を問う―」，『女子教育問題』No. 50
ティーレ-ヴィッティヒ，マリア，1995，「家族と生活関連の諸機関との相互関連」N.B.ライデンフロースト編・家庭経営学部会訳『転換期の家族』産業統計研究社
中間美砂子，1991，「夫婦関係」日本家政学会編『家族関係学』朝倉書店
谷田沢典子，1991，「親子関係」日本家政学会編『家族関係学』朝倉書店
高原須美子，1989，『エイジレス・ライフ』有斐閣
古川孝順，1995，「これからの社会福祉」古川孝順・松原一郎・杜本　修編『社会福祉概論』有斐閣
堀内かおる，1993，「家庭科教育の観点による生活時間配分と家事労働参加に関する研究」（博士学位論文　昭和女子大学）
宮崎礼子，1989，「序章」宮崎礼子・伊藤セツ編『家庭管理論（新版）』有斐閣
松原一郎，1995，「社会福祉の課題(2)」古川孝順・松原一郎・杜本　修編『社会福祉概論』有斐閣
富沢賢治，1999，『社会的経済セクターの分析―民間非営利組織の理論と実践―』岩波書店
湯川隆子，1988，「人間の自立と家庭の創造力の形成」，『家庭経営の内発的発展』昭和堂

> **― コラム1 ―**
>
> **「依存」のパラダイム転換**
>
> 　自立の対語は依存だが，依存は従属ではない．そもそも人は，生まれながらに自立していない．自立とは，一人で立っている状態を意味しない．人は，自立を助ける支援に依存して生きる生き物である．障害者や高齢者は特別の援助のもとに自立を全うしようとする．本文でも述べたが，独力で自立を維持することができず，将来も自立能力の獲得を期待することがむずかしい人びとへの支援によって，依存を前提とする自立が可能となるというのが社会福祉の新しい思想である．自立という概念のなかには，社会福祉に代表される支援・援助の利用という前提が含まれている．支援，援助に依存するのである．「非依存」を強制されればかえって自立が不可能になる．
>
> 　しかし，どのような状態にある個人も，自立の主体でなければならない．このことと依存は矛盾しない．人は依存の主体でもなければならないことになる．主体的自立を可能にするような依存ができる社会的諸条件を整備することが必要であり，このような考え方は，従来の「依存」という「自立」の対語のパラダイム転換である．
>
> 　　　　　　　　　　　　　　　　　　　　　　　　　　　　　（伊藤セツ）

1.2　自立と共同がコンセプトとなる時代を考える

　「自立」というコンセプトは1980年代以後さまざまな領域から生まれ，時代の思潮となっている．生活経営学が「自立」を研究上の重要課題として取り上げてきた流れをみると，そこには自己実現への覚醒があり，力点はジェンダーエクイティに置かれてきたことがわかる．その際「自立」は戦略的価値をもつタームであった．それはやがて高齢者，子ども，青年，そして男性へも適用され拡大していった．人間発達や人権は，「自立」の保障という戦略で扱われた．それと並行して，社会の成熟化に伴う「生活の質」への関心が高まるなかで，生活力とかかわる「生活者の自立」が戦略的価値を担うことになった．

　社会福祉領域でも，同じ頃，障害者，高齢者などの自立が価値として登場した．その際自立は，「自らの判断と決定により主体的に生き，その行動について自ら責任を負う」ことと定義されている（本書 p. 4）．高齢者の自立が目標となった背景には，高齢者の自己実現への関心の高まりと，自律性への覚醒という時

代の転換があった．これらの動向に加えて，私生活が高度に社会との結合を深めてゆく現実，つまり生活の社会化が進展するなかで，社会的存在であることの自覚やそれに対応する力量の必要性が，「自立」という戦略で表現されたものと思われる．

もともと，「自立」という価値は，1970年代後半以後，多くの先進工業国が経験した社会的変化を背景として登場した．しかし，個人主義を社会原理としてきた欧米諸国とは異なり日本には固有の社会的背景もあったと思われる．

本節では，まず，先進工業国に共通に起こった1970年代以降の歴史的変化のなかで，自立と共同がコンセプトとなった理由とその内容を述べ，それと比較しながら，なぜ日本で「自立」が時代の価値となったかを考えることにする．

a．モダニティとポスト/高度モダニティ

現代という時代の変化を説明する枠組みのうち，ここではモダニティに依拠する理論を取り上げ，上記の課題に接近してみよう．1970年代以後，ヨーロッパの産業社会に生じた変化，そして日本にもその傾向が認められた，経済，政治，文化，その他のトレンドを説明する用語はポストモダニティであった．「自立」「自己決定」「自己責任」「個人化」などの用語は，ポストモダニティあるいは高度モダニティの文脈において生まれたコンセプトであった．

19世紀に起こった産業化・都市化の特徴をもつ近代社会（modern society）は，20世紀後半再び大きな変化を遂げるに至った．ダニエル・ベル（1973），デニス・ガボール（1972）らによって示された新しい社会の出現は，ポストモダンといわれている．表1.1はその対比を示したものである．産業構造の脱工業化（情報，コミュニケーション，サービスの優越），職業構造と雇用構造の変化，そして福祉国家路線の解体，階級基盤に基づく政党政治の弱化，などである．しかし，これらの変化を19世紀に始まった近代という時代の終焉とみるのか，近代の延長上にあるとみるのかについては議論が分かれる．

多くの論者のなかで，ウーリッヒ・ベックとアンソニー・ギディンスは，現代社会理論を展開して影響力をもつ社会学者であるが（ベック，1988；Giddens, 1991），彼らの解釈では，20世紀末に経験しているこの変化は，根本的な変化というよりはむしろ近代化プロセスの連続を表しているとおさえられている．ギデ

表 1.1 モダニティと後期モダニティ/ポストモダニティの対比

モダニティ	後期モダニティ/ポストモダニティ
産業化	脱工業化, 情報・サービス産業の発達
都市化	コミュニケーションネットワークと結合した柔軟な立地
達成指向・プロテスタント的仕事倫理	自己充足とレジャー的倫理の脱物質主義的価値
生産手段や労働市場との関係に基づいた大規模階級と利益集団	消費や嗜好に基づく社会集団 同時に,「社会的に排除された集団」の出現
労働市場と連結した普通教育制度	労働市場との結合の薄れた「長期化する教育」
大量消費	個別化した消費
核家族	分裂した家族 (fragmented family), 取り決められた役割
労働者・農民・業界などの大きな社会集団の利益代表としての政党	自動車道路建設反対, エコロジー, 女性運動, ゲイ・レスビアンの自由化といった単一課題に身を入れる新しい社会運動
本質的で科学的なカテゴリーとしての人権	民族的多様化と脱コロニアリズム
男女のジェンダー役割が本質的基本	ジェンダーと性的多様性 柔軟な役割
「ゆりかごから墓場」まで人びとを保護する福祉国家	断片的で, 民間・NGO との契約による福祉サービス, 個人化した自助

Wallace, C. and Kovatchva, S., 1998, p. 10, 一部宮本が加筆.

ィンスはこれを高度モダニティ, あるいは後期モダニティと呼んでいる.

　ベックによれば, 近代化の過程を通して確立した教育, 仕事, 家族形態などの再生産構造は今や解体し, その他の伝統的制度も崩壊したために, その社会に固有であった個人の社会的役割はもはや明確ではなくなってしまった. ギディンスも同様の理由から,「脱伝統社会」では, 個人にも集合体にも無限の行為プロセスがあり, そこにリスクも付随していると論じている.

　ベックによれば, 現代社会は世界を管理するために科学を利用するというよりは, むしろ科学によって脅威を受け, その危険性は地球規模ですべての人びとにふりかかっている. このような社会をベックは「リスク社会」と名づけた. 危険とたちむかうために人間が構成してきた社会が生み出した「ネガティブな結末」としての危険, 人間の営みのなかから生まれてきた危険に圧倒されるようになってしまった社会のことである (ベック, 1988).

　リスク社会に生きる人びとは, これまでとは異なる行動をとらなければならな

くなる．今や，階級的連帯や家族やコミュニティの伝統的支援ネットワークを失ってしまった人びとは，個々の個人的世界をますます強調するようになる．そして，それぞれのもつ課題を個人化した方法で達成するように努めなければならなくなる．階級，ジェンダー，人種などによる不平等は支配的なものではなくなり，人生は「個人史的事業 (biographical project)」となる．このようなベックの理論は個人化理論 (individualization theses) と呼ばれている．

ギディンスは，ベックのように生活というものを個人史的事業とは考えない．むしろ，個人的変化と社会的変化を結合する内省的 (reflective) プロセスととらえている．ギディンスによれば，個人としても，また社会全体としても，現代社会のなかで絶えず直面している行為の広大な可能性（肯定的・否定的）に対して打算的な態度で生きるのが，リスク社会における生き方になるのだという．このように，個人化することによって，選択性と自律性は高まり機会は増大するが，同時にリスクも拡大することになる．

しかし，自由と選択性は誰にでもどこででも拡大するというわけではない．ベックと異なり，ギディンスは個人の意思や行動に対して，社会構造は何らかの制約を及ぼすことを常に押さえている．選択性や自律性は，階級，ジェンダー，エスニシティ，地域性等によって構造的に制約されている．つまり20世紀末のポストモダンの傾向が人びとの自由と選択肢を拡大している一方では，社会から無視されている人びとが増大している．産業構造の変化が敗者という新しいカテゴリーの人びとをつくり出したのである．これらの人びとは，安定した労働の世界から閉め出され，インフォーマル経済の世界で生きていかねばならなくなっている．それは女性世帯主，高齢者，仕事のない若者，民族的マイノリティの人びとなどに集中している．「社会的排除」という用語は，こうした現象を理解するのに有効である．福祉国家の解体によって保護も救済もされなくなった人びとは，個人化した方法で問題解決をしなければならなくなっているといわれている（G. ジョーンズ，C. ウォーレス，1996）．

後期モダニティの時代にあっては，依拠する伝統に頼って生きることができなくなっている．依拠する伝統の喪失として最も重要な要素は，仕事，家族，国家の三つである．それらが変化した結果，人びとのライフコースは多様化し，個人化したのである．それは自由，自律性，個性，多様化を可能にする．同時にリス

クも大きくなる．それらのリスクに対して個人も集団も個人化した方法で対処し，解決しなければならない状況に置かれるのである．これが，ベックとギディンスに共通する認識である．

そこで次に，後期モダニティの幕開けともなった福祉国家の変容とその展開が，人びとに何をもたらすものであったのか，イギリスのサッチャリズムにその例をみることにしよう．

b．サッチャリズムの展開と歴史的意味

1980年代以後の社会的変化と，ベックのいう「個人化」がもたらされた条件の一つは，福祉国家の方向転換であった．福祉国家という理念は，戦後多くの先進工業国がとった基本路線であり，生涯にわたる生活保障のレールであったから，それが取り払われたことによって，国民は国家というセーフティネットを失い，国家に保障を求めることを拒否されることになった．生活の責任をとること，つまり「自立」を突きつけられたのである．

イギリス社会政策の戦後の歴史は，1945年から1970年代半ばまでの30年間（第一期）と1970年代半ばから1990年代までの15年間（第二期）とに分けられる．この時期区分は，高度経済成長の時代とその後の低成長の時代という世界経済の流れに沿っている．第二期は，1979年総選挙によるマーガレット・サッチャー内閣の組閣によって幕開けした．それは，イギリスにとどまらず世界的な政治経済体制の転換の口火を切ることになった．アメリカのレーガン大統領，日本の中曽根内閣もほぼ同時期に同じ政治方針をかかげ一時代をつくった．戦後の福祉国家建設は経済成長という条件によって初めて可能であったという点で，サッチャリズムの登場は，高度経済成長の終焉，低成長時代の開幕という，経済段階の交代と重なっている．

サッチャーの主要な政治方針は，市場経済の復権と小さな政府であった．それは，1970年代にすでにヒース内閣やウイルキンソン・キャラハン内閣が直面してきた課題に対して，ラディカルな新保守主義と新自由主義の立場からサッチャーが断行した中心的政策であった．それらの政策の総体がサッチャリズムと呼ばれたのである．プライヴァタイゼーション（国有・公有部門の民有化・民営化），クローズド・ショップ制規制，労働組合権力の大幅な圧縮と労使関係の歴史的転

換,所得保障政策の選別主義的改革,地方自治の圧縮,教育制度と医療制度の大改革などが,主な転換項目であった.

サッチャー登場以前にも,保守と革新の対立において常に存在していたのは,社会政策の推進と福祉国家の構築が資本主義社会の基本理念である市場の円滑な機能を損ない,「個人の創意」や「自己責任」を危機におとしいれ,「選択の自由」を侵害するのではないかという懸念や恐怖であった.それが保革対立関係における一方の極を形成していた.第二期をもたらしたイギリスの深刻な経済危機の結果,こうした主張が支持を得ることになった(毛利建三,1999).次のサッチャー自身の言葉は,こうした問題意識を最もわかりやすく表現したものといえよう.

「今世紀のある時点で,あまりに多くの西側諸国の政策決定者が,貧困の原因が個人や,ましてや運にあるのではなく,制度にあるかのように説明したり振る舞うようになった.そして,貧困——略——は経済政策が作り出した"問題"であり,うまい方法を使えば富裕所得の再分配で"解決"できるものだと考える一種の罠にわれわれはかかってしまった.貧困が無責任ないしは通常の規範を外れた行動の結果ではなく,むしろその原因であるという考え方にとらわれてしまったのである」(マーガレット・サッチャー,1996,p. 284).

その後,メージャー保守党政権に代わったブレア労働党政権は,サッチャーによる改革の成果を多くの点で引き継ぐと公約してきた.その点で,サッチャーの歴史的意義は保守党を変えた以上にイギリス労働党を変えたことにあるといわれている.このように1980年代から90年代の政治思潮のなかで,自立,自己責任,自己選択は時代のコンセプトとなり,個人と国家の関係は再定義されたのである.

ここではイギリスに例をとって記述しているが,それは福祉国家路線をとってきたすべての国にあてはまる.福祉国家は,労使協議の制度化としてのコーポラティズムとともに,人びとの労働と生活を保障しつつ資本主義を危機から救う枢要な役割を果たしてきた.その福祉国家が,現代資本主義のさまざまなリアクションを受けて機能障害を起こし,福祉社会への移行を目標として掲げる段階に立ち至っているのである(青井和夫・高橋 徹・庄司興吉,1998,p. 3).財政破綻

という国家の失敗を国民に尻拭いさせようとする国家に対して，責任追及をすると同時に，福祉を自らのうちに引き受け，逆にそれを梃子にして市場や国家のこれからのあり方を考えていかなければならない，という基本線がわれわれの課題となったのである（青井・高橋・庄司，1998, p. 4）．

c．なぜ「自立」が時代の価値になるのか―日本の事情―

日本で自立という用語が使われる文脈をみると，他の先進国と比べて積極的期待が込められている傾向がある．過去20年間，他の国々で展開した議論のなかには，日本のような意味での自立は登場しなかったように思われる．自立への関心が日本で非常に高いのは，日本が固有に抱える社会事情があるからであろう．『厚生白書 平成10年版』（「少子社会を考える―子どもを産み育てることに「夢」を持てる社会を―」）は，そのことを表す格好の例となっている．そこで，ここでは白書のなかで自立が論じられている文脈を探り，今なぜ自立が期待されているのか検討することにしよう．

本白書は題名の通り，出生率が低下する実態をさまざまな角度から検討し，「子育てに"夢"を持てる社会」を政策の目標として定めたものである．白書という限界をかなり大胆にこえて，現代日本社会を総合的に検討しているが，「多様な個人」「多様な家族」「いろいろな価値観」「自立した個人」「自立した主体」などの表現がいたるところで使われていることに気づく．多様性という用語は，主に「役割」と「価値」に付けて使われている（多様な役割，多様な価値）．出生率の低下は，家庭と職場の性役割分業体制に大きな原因があるとみて，現状を打開するうえで男女共同参画こそ最も重要な戦略として位置づけられている．また，少子化の結果としての高齢社会を乗り切る条件としても，再び性役割体制の打破がいわれ，さらに性，年齢，その他の属性に拘束されない自由な生き方（「多様な役割をもつ自立した主体」というイメージ）が支持されている．

この白書は，国の仕事としてはめずらしく社会のあり方と個人生活にかなり大胆に踏み込んだ仕上がりになっている．戦後日本に形成された独特の社会構造からもたらされた，低出生に直面した国家が，自立と多様性を推奨せざるをえない事態に立ち至ったといえよう．超高齢社会を迎えるに当たって，国家保障の限界を家族（つまり女性）に負わせることによっては乗り切れない状況のなかで，

「自立」と「多様化」は戦略的スローガンになったかにみえる．

　白書はさらに，高度経済成長期に形成された日本社会が異常な集団主義と画一化を特徴としていることを指摘し，文化的単一化への批判と反省を示す．拡大する消費社会のなかで，個人化と私化が進み多様化しているようにみえながら，これらのライフスタイルを支える「会社」と家庭は，依然として集団主義と画一主義，そして何よりも性役割分業の根強い慣習によって成り立っていると押さえる．そのなかで，個性や自律性は阻害され，生活の質の向上は妨げられているという認識が議論の中心にある．

　白書からわかることは，個人主義社会へと転換しようとする期待，慣習を打破する社会を構築することへの期待があり，それを推進するために「自立した個人」が期待されていることである．このような個人が社会的責任を自覚して社会に参画することが，「共同」というタームで価値を与えられている．しかも，日本における後期モダニティを特徴づける諸変化が，集団主義，没個性，画一主義からの脱却を可能にする環境条件となっているとみることができるのではなかろうか．

　こうした論調は，筆者がみる限り，欧米諸国にはみられない．前述のベック，ギディンスの理論にも，後期モダニティが必然的に個人化を推し進めるという見方はあっても，日本のように，個人化に付随する自立の達成が古い慣習を打ち砕くものとして，戦略的価値を負わされてはいない．力点はむしろ，ますます個人化する社会のなかで，どのようにして新しい連帯を模索するかという点にあるようにみえる．

d．家族の個人化とライフコースの個人化

　経済成長と福祉国家の諸制度は，人びとのライフコースに標準的パターンをつくりだした．年齢で固定された学校教育期，学卒と同時に労働市場への参入，一定の年齢での結婚・家族形成，親になること，職業からのリタイアと年金生活の開始，などである．完全雇用，ジェンダー間の明確な役割分業，稼ぎ手としての夫と家事育児担当者としての妻によって維持される結婚生活の安定性などが，標準的ライフコースを広く普及させた．

　ところが，経済成長期から低成長期への転換を促した経済社会環境条件の変化

は，個々人のライフコースに対しても影響を及ぼした．原因となる要素を列挙すれば次のようになる．ただし，このなかには欧米諸国に顕著だが日本ではまだ萌芽的現象といえるものもある (C. Wallace, 1998)．

1. 学校教育終了から労働市場への標準的パターンの変化．労働市場への参入の困難．パート・臨時雇用その他不安定雇用の増加．
2. 女性就業者の増加．家計維持者の多様化．女性が主な生計維持者である世帯の増加．
3. 生涯学習化．教育・学習・訓練と雇用とが長期にわたって相互に密接な関係を帯び，生涯にわたる教育の接続が重要となる．
4. 長寿化．年齢による標準パターンを弱める．
5. 結婚制度の変化と不安定化．ライフコース上，結婚の長期安定性は自明のことではなくなる．結婚，離婚，再婚，同棲が混在，単身者も増加．
6. 親子関係の多様化．子どもをもつこと，子どもの保護・扶養は自明ではなくなる．親子関係は選択的で，契約的性格を帯びる．子どもの権利条約にみられる子どもの自律性への権利が登場する背景には，実態としての親子関係の変化がある．

長寿化の結果長くなるライフコースはリスク化の様相を帯びる．人生は，リスクに対処しながら絶えず計画の変更を織り込んだプロジェクトとなる．モダニティを特徴づけたライフコースは列車旅行モデルであったのに対し，後期モダニティを特徴づけるのは，自動車旅行モデルだといわれている (Furlong and Cartmel, 1997)．人びとは絶えず状況の変化に敏感に対応しながら選択・意思決定していく存在となる．ここに，主体の意思や選択という行為が注目される理由がある．ここでの主体は，自己選択とリスクの双方をあわせもつ存在と見なされる．

リスクの一つは，問題解決の個人化と私化にある．福祉国家の安全網をはずされ，伝統的な家族や親族，労働組合その他の制度にも依拠できない人びとは，個人の責任において問題解決に当たらなければならない．こうしたリスクは，特に特定の弱い社会集団に現れる．ここに福祉社会が福祉を自ら引き受けなければならない理由がある．

e. 生活主体の新しい政治スタイルを求めて

後期モダニティの特徴は，ギディンスらが述べるように一方では，福祉国家の転換による個人化と自己責任への転換という，いわば時代の強制の結果であるが，他方では，人間自体の変容の結果でもある．社会の成熟化，消費領域の拡大，労働時間の短縮，教育水準の上昇，情報化，グローバライゼーションの結果，人びとの価値や規範は多様化して，他者と異なる価値をもつことが奨励されるようになる．産業化の時代を支えた達成指向やプロテスタント的労働倫理，そして生存への関心が人びとを動かすのではなく，自己実現，余暇志向という脱物質主義的価値体系が勝るようになる．個人の尊厳と自律性への自覚が高まる．そのうえ，ベックが言うように，人びとは家族，コミュニティの伝統的支援ネットワークや，階級上の連帯によって利益を得られなくなったため，個々人が個人的世界をますます強調するようになる．

他方，欧米諸国で1970年代以降に起こった新しい社会運動（エコロジストの活動，自主管理運動，地方分権運動，地域的民族自治，フェミニズム，原発反対運動など）は，脱物質主義思潮の台頭と関連しており，ポストモダンを象徴する動きだと理解されてきた．

表1.1にあるように，モダニティのなかでの政治は，大きな利益集団を代表する政党政治であるが，後期モダニティのなかでは，政治というものがより小規模の利益集団へと分解していくという．環境，ジェンダー，原子力発電反対など単一課題による社会運動が特徴となる．

篠原一（1985）は，政治の発展段階を，第二次世界大戦以前のハイ・ポリティクス（高等政治）の時代，高度経済成長期のインタレスト・ポリティクス（利益政治）の時代，そしてその後のライブリー・ポリティクスの時代に分けている．ライブリー・ポリティクスとは，1970年代以降に起こった上記の運動を包括的にとらえて，アメリカの政治学者スーザン・バーガーが使った用語を，篠原が日本へ紹介して用いた，生活と生に関連した政治であり，参加するメンバーの生き生きとした参加による連帯がその方法である．

新しい社会運動が生まれる背景を，ギディンスはこう表現する．リスク社会を生きる人びとの間に，新しい社会文化的連帯が生まれるが，それは階級としてのアイデンティティに基づいているのではなく，むしろそれぞれの利害（interest），意欲，コミットメントに基づいて生まれる．そして社会のあらゆるセクターから，人生に対するより個人的コントロールを求める要求が増大していく．自己決定，自律性への個人からの要求は，人びとの自由と選択を増すと同時に，リスクと不確実さが必然的につきまとうことになることは前述した通りである．

個人主義を原則としてきた西洋社会では，後期モダニズムが，個人主義をいっそう進めると同時に，福祉国家の解体という事態のなかで，個人化の行き着く先に待つリスクに対処して，共同・連帯をどう構築していくかが大きな課題となっているといえよう．なかでも「家族の変容」は最も深刻で重要な課題である．他方日本においては，個人化と私化の様相を深めながらも今なお集団主義と家族主義は根強く続くという対照的な現象が同時併存する状況にある．慣習的な集団主義を打破して個人主義原理を打ち立てながら同時に新たな共同をどのようにして構築していくのか，これが直面する課題となっているのである． （宮本みち子）

文　献

青井和夫・高橋　徹・庄司興吉編，1998，『福祉社会の家族と共同意識』梓出版社
Wallace, Claire, and Kovatcheva, Sijka, 1998, Youth in Society, Macmillan Press
『厚生白書 平成10年版』
ガボール，デニス，1972，『成熟社会』講談社
サッチャー，マーガレット，1996，『サッチャー回顧録』下，日本経済新聞社
篠原　一編著，1995，『ライブリー・ポリティクス』総合労働研究所
ジョーンズ，G., ウォーレス，C. 著，宮本みち子監訳，徳本　登訳，1996，『若者はなぜ大人になれないのか』新評論
Furlong, A. and Cartmel, F. 1997, Young People and Social Change, Open University Press
ベック・ウーリッヒ著，東　簾監訳，1988，『危険社会』二期出版（原著は1986年出版）
ベル，ダニエル，1973，『脱工業社会の到来』ダイヤモンド社
Giddens, Anthony, 1991, Modernity and Self-identity, Polity Press
毛利健三編著，1999，『現代イギリス社会政策史』ミネルヴァ書房

1.3　福祉ミックス時代の生活課題

自助，共助，公助の活性化を促す「福祉ミックス」によって，これまでの中央政府主導型の日本の社会福祉は大きく変わろうとしている．民活化，地方分権化，住民参加が強調されるこの新しい方向は，有効な生活改善策になりうるだろ

うか．経済成長の減速，家族機能の縮小，少子高齢化の進行する現代日本の社会政策の一つの柱とされる「福祉ミックス」とは何か．それは生活者の立場にどんな影響を与えるかを明らかにしたい．

a．「福祉ミックス」とは何か

社会福祉はすべての人の生涯で起こってくるさまざまな生活困難に対する社会的支援策である．恣意的，偶発的に行われる慈善事業や治安維持，社会的統制の目的で行われる公的救済と異なり，一人ひとりの生活する権利を守るためになされる社会的合意に基づく制度，活動である．先進福祉国では，19世紀末から次第に社会福祉の体制が整えられてきた．日本では，第二次世界大戦後50年で出生から死に至るまでの生活保障の体系を築くべく努力されてきた．

現実には，社会福祉を実施するに当たり，どんな目的と内容を誰が中心となり進めていくかによって，異なる福祉体制が出現する．多くの福祉先進諸国の社会福祉は，きわめて限定的な対象（疾病者，身よりのない高齢者，保護者のない子どもなど）に金銭，現物の給付や施設保護という形で始まった．そして時を経て，次第に対象，方法を拡大してきた．国によって，社会福祉の発展の形態や速度には相違があるが，大きな流れとして，福祉国家から福祉社会へと転回している中で，福祉ミックスの方向が進められている．

(1) 福祉国家から福祉社会へ

福祉国家では，社会保障制度を充実させることによって国民生活の安定と消費の向上によって経済成長を促すことが目ざされた．社会保障という言葉が世界で最初に使われたのは，アメリカにおける1935年の社会保障法である．また，イギリスで「揺りかごから墓場まで」のスローガンを掲げてベバリッジ報告が出されたのは1942年である．第二次世界大戦後の先進工業国の主導原理となった福祉国家体制はこのように，世界大戦の渦中に生み出されたものであった．ここでは自由主義経済システムを私企業に委ねてしまわず，社会保障制度（社会保険，社会福祉，公衆衛生など）や完全雇用政策（一定の条件下で，希望する労働者がすべて雇用されるようにする政策）などによる政府の施策を介入させることによって経済社会体制の安定を図ることが企てられていた．生産手段が資本家に私有され，労働の担い手は労働市場で売買される商品となる資本主義体制のもとでの

構造的失業（産業，地域などが原因となって生み出される失業）や植民地化の危機に抗する手段として，多くの資本主義国ではそれぞれの形で福祉国家への道を辿ったのである．すべての国民の平等と参加を目標とする北欧型諸国では，社会保険と社会福祉サービスを徹底的に普及させることによって，普遍主義（必要な人は誰でも利用できるようにする）的な福祉国家体制を築いた．

イギリスでは，国民一律に公的な社会サービスを行き渡らせ，ナショナルミニマム（国民最低限は法的給付とする）を政府の課題とした．フランスやドイツなどヨーロッパ大陸諸国では，公共的な社会保険のシステムと民間非営利組織と連携した政府の社会サービスの並立によって独自の福祉環境を形成してきた．アメリカでは，自立支援型福祉が目ざされ，社会保険も社会福祉サービスも必要度の高い高齢者や子どもそして貧困者を対象にする限定的なものであった．

第二次世界大戦後の経済成長と共産主義，社会主義諸国への対抗関係のなかで資本主義先進諸国が発達させてきた福祉国家体制も，1980年代になると大きく揺らぎはじめた．1973年の第一次石油危機以降，低成長経済となり，高齢化による福祉ニーズが高まってきた先進資本主義諸国では，市場経済優先，福祉財政縮小などの機運が高まり小さな政府への転回がはかられた．イギリスのサッチャー首相やアメリカのレーガン大統領は制限福祉主義の考え方に沿って，社会保障の一般化と逆行する選別的（所得制限などを設けて審査をする），競争主義的な施策を実施したのである．

以上のような経過のなかで，福祉社会論が浮かび上がってきた．すなわち，1970年から1980年代の社会保障費抑制の必要と経済の活性化のための方策として，多様な福祉供給の担い手養成と新しい組織化が必要とされたのであった．福祉社会では，これまでの福祉国家のような中央政府主導型ではなく，福祉の地方分権化，民活化，住民参加による多元的な福祉供給システムが目ざされている．1990年代以降も低成長経済に加えて高齢化，環境破壊などが進行しており，各国での解釈や対応の違いはあるとしても多くの先進工業国において，目下，政府も企業も個人や家族もそれぞれの立場から福祉社会の形成主体になるという多元的福祉の実現に向けての取り組みが行われている．

(2) 福祉ミックスの特色

福祉国家のもつ中央集権的な画一主義に対して，福祉社会における地方分権

化，民活化への流れは福祉多元主義といえよう．福祉国家の危機に直面して自助，共助，公助を同時に進行させる福祉多元主義は今や世界の先進工業国の多くで採用される方向である．しかし，これまでの社会保険，社会福祉などの蓄積や人びとの福祉意識の違いから国によって多元主義の内容や方向が異なっていることに留意しなければならない．アメリカや日本のように市場経済重視型社会では，福祉産業化を軸として進められようとしているが，北欧諸国やヨーロッパ大陸では福祉産業化は部分的に取り入れられ，公的施策の柔軟化や住民参加などインフォーマル部門の活性化が主たる政策課題である．

1980年代以降，イギリスの経済学などで使用されている福祉ミックス（welfare mix）は，福祉分野における民間企業と非営利組織の役割重視という意味合いである．わが国では，丸尾直美らによって「福祉ミックス」を最適にすることが，福祉国家をこえる新しい道として検討されている．参加型福祉社会を福祉ミックスの目標とする丸尾（1998）は次のように述べている．「福祉ミックス論・福祉多元主義は市場の役割を重視する点とインフォーマル部門の役割を重視する点では，従来のスウェーデン型の福祉国家論とは異なる．しかし，新自由主義に同調するわけではない．社会のシステムには，市場システム，公的計画システム，インフォーマルシステムという三つのシステムがあるが，それぞれの長所を生かしてその最適かつ有機的な組合わせを実現するという形で，市場重視の新自由主義の主張を取り入れつつも，福祉国家を発展させようとするのが福祉ミックスの積極的理念である」．

福祉ミックスという言葉は日本語としてまだ十分に定着した用語ではないが，本書では福祉多元主義とほぼ同義として使っていきたい．特に，福祉国家体制の後にどのような福祉をめぐる施策を進めていくことが，人びとの生活の安定と生活改善をもたらすかということを検討していくための操作概念として福祉ミックスを用いたい．

(3) わが国の福祉改革に関する問題点

1980年代以降，わが国では数々の福祉改革が行われてきた．

まず第一に，年金制度があげられる．1985年には公的年金の制度改定があり，ここでは国民年金を共通の基礎年金として置き，そのうえに職域保険を上乗せする二階建て年金がつくられた．加入単位は個人とされたので，サラリーマンの妻

にも年金権が認められるようになった．しかし，給付の引き下げ，拠出の引き上げなど全体としては年金制度の縮小をもたらすものであった．その後1990年代に入ってからも年金支給開始年齢の引き上げ，スライド制の見直し，拠出方法の変更などが行われた．また，年金への課税やサラリーマンの妻からの保険料徴収なども含めた多くの項目が改革課題としてあげられている．

第二には，医療保険制度がある．医療費の増大に対処するために医療費を抑制することが改革の主眼とされてきた．1982年に制定された「老人保健法」では，老人医療を他の医療から引き離し，自己負担制を導入した．1984年の健康保険改定では，被保険者本人についてそれまでの10割から9割給付へ変更し，1997年に実施された8割給付への道筋がつくられた．さらに，高齢者医療保険を一般の健康保険から独立させることや診療報酬の支払い方式なども検討課題とされている．

第三には，介護保険制度の創設である．1980年代後半から精力的に取り組まれてきた高齢者保健福祉に関する多くの政策は，この介護保険への流れにつながったものであった．2000年4月から実施されることになっている介護保険制度は深刻化する介護問題に対応するものとして登場したものである．従来家族内で引き受けていた介護の必要な人を社会的に世話できるシステムにすることには異論はない．しかし，新しい保険制度のために高齢者も含めた国民の負担が増えること，医療と介護の実践における調整が不十分なまま制度がスタートすること，社会的介護基盤に地域格差があること，そして運営主体である地方自治体の取り組みに格差が大きいことなどが国民の不安材料となっている．

第四には，社会福祉サービスについての数々の改革が進行している．1990年代は社会福祉にとって50年ぶりの変化の時代といわれるほどである．

1994年に出された「21世紀福祉ビジョン」（高齢社会福祉ビジョン懇談会）では，少子高齢社会における社会保障の姿として表1.2のような内容が示されている．ここで取り上げられていることは，本書の主題となる福祉ミックス時代の生活者の自立と共同に関する政府の立場である．すなわち，全体としてバランスのとれた福祉社会を目ざしていること，福祉に関して国民の自立，自己決定そして主体的参加が強調されていること，そして何よりも年金，医療，福祉などの領域の再編と費用の確保が主たるねらいとされていることが明らかである．その後

表 1.2 21世紀福祉ビジョン

少子・高齢社会における社会保障の姿
1. 公正・公平・効率性の確保
2. 年金，医療，福祉のバランスのとれた社会保障の給付構造の実現
3. 雇用政策，住宅政策，教育政策等関連施策の充実・連携強化
4. 自助，共助，公助の重層的な地域福祉システムの構築
5. 社会保障の安定財源の確保

(高齢社会福祉ビジョン懇談会，1994)

表 1.3 社会福祉基礎構造改革について（改正の内容）

1. 福祉サービスの利用制度化（措置制度から利用制度へ）
2. 地域福祉権利擁護制度（成人後見制度の補完，苦情解決の仕組み導入など）
3. 誇大広告の禁止
4. 良質なサービスを支える人材の養成・確保
5. サービスの質の向上（事業者による自己点検，第三者機関の養成など）
6. 事業の透明性の確保
7. 社会福祉事業の範囲の拡大（9事業の追加）
8. 社会福祉法人の設立要件の緩和
9. 多様な事業主体の参入促進（民間企業などの参入促進）
10. 地域福祉の推進（地域福祉計画策定，NPO，ボランティア活動促進など）

1995年には地方分権推進法が制定され，1997年の児童福祉法改定では保育所の自由契約化などが決められた．さらに1997年には介護保険法が制定され，2000年実施に向けて福祉と保健と医療の枠組みの改編が進められている．さらに，1998年に厚生省から出された「社会福祉基礎構造改革案」では，社会福祉の運営を定めた社会福祉事業法などの改定に向けての理念と内容が示されている．主なものとしては，表1.3に示されるように福祉サービスの利用制度化，利用保護制度の創設，サービスの質の向上，地域福祉の推進などの項目があげられている．制度改革に伴う権利擁護や情報開示もセットになっている改革案とはいえ，福祉サービスの産業化によって引き起こされるさまざまな事態に対処できるものとなっているかどうかは危惧されるところである．

b．「福祉ミックス」による生活者の立場の変化
(1) 保護の撤廃

第二次世界大戦後50年間，社会福祉の諸法律のなかでも中心的な役割を果たしてきたのは，福祉六法（生活保護法，児童福祉法，身体障害者福祉法，知的障

害者福祉法，老人福祉法，母子福祉法）である．これらはすべて日本国憲法の理念（25条 生存権保障，13条 快適生活権保障，14条 平等保障）に依拠してつくられたものである．日本国憲法では，生存権について次のように規定されている．「(生存権，国の社会的使命) 1 すべて国民は，健康で文化的な最低限度の生活を営む権利を有する．2 国は，すべての生活部面について，社会福祉，社会保障及び公衆衛生の向上及び増進に努めなければならない．」また，第13条では，個人の尊重，幸福追求権について述べられ，第14条では法の下での平等などについて明記されている．このように形式的には社会福祉の各領域で生活保障における公的責任の考え方が貫かれてきたが，現実には，保護基準以下であっても生活保護を受給できない人や必要があるのに福祉サービスを受けられない多くの人が存在したことはいうまでもない．

わが国では，第二次世界大戦後においても，経済成長による所得水準の上昇と家族扶養意識の残存による介護や育児の社会化の遅れが他の先進工業国より低い福祉水準にとどまらせたことは事実である．しかし，制度上では少なくともすべての国民の生活難に対する国の義務があり，社会福祉の中心は公的給付であった．そこではより困難度の高い者から保護するという選別主義によって，行政の責任において生活支援がなされてきた．したがって保護形態としては施設収容，最低生活保障であり，スティグマ（汚名）が伴いがちな行政処分であった．

1980年代以降，世界的なノーマライゼーション（すべての人に普通に生活できるチャンスを与えるという考え方）の理念が普及したことや社会経済環境変化による福祉対象の変化（多様な生活問題の発生）などによって社会福祉の普遍化が必要になった．さらに経済成長の停滞が促進要因となり，新しい社会福祉への転換が図られたことは上述した通りである．

1990年以降の福祉改革の流れのなかでは，社会福祉サービスの一般化，普遍化が主流となっているので，所得制限はなくなり，施設より在宅支援が重視され，利用者の自己負担も増大していく傾向にある．さらに国の一律保障から地方自治体単位の保障に変わってきている．保護の後退は年金制度や医療保険制度にも共通する流れであり，生活保障の自己責任がよりいっそう強化される時代になったといえるであろう．

(2) 規制緩和

社会福祉基礎構造改革の中心テーマは，利用者の選択権を重視し，選択範囲を拡大するために社会福祉法人要件を緩和したり，事業範囲を拡大するところにあるとされている．

今後の高齢社会の進行や家族機能の縮小などによって増大する福祉ニーズへの対応を多様な福祉供給によって行おうとしていることがわかる．さらに，利用者と事業者の直接取引を主とする利用制度によって，行政の職務の軽減も図られるであろう．もちろん，所得が十分でない者への助成制度はあるが，これまでとは異なり，申請に基づく助成なので，利用者の制度や事業内容などについての知識や行動は数倍の自己努力がなければうまくいかないであろう．

利用制度化の前提として，利用者保護の仕組みをつくることが重要であり，情報提供，サービスの質の確保，利用手順の明確化，利用者の権利擁護，苦情解決などに関する仕組みが検討されているが，果たしてどの程度実現できるであろうか．長い間の保護主義によって，日本人はお上からもらえるものは静かに文句を言わずに受け取るという習慣が身に付いてしまった．福祉の規制緩和によって，自分にとって必要なことのためには，他人まかせにせず，自分で必要な情報を入手し，内容を吟味し，後悔しないサービスを獲得するという行動様式が必要である．規制緩和は単に選択範囲の拡大による自由さだけでなく，きびしい選択を迫るのである．

(3) 福祉基盤の拡大

福祉ミックスでは，福祉国家体制で主導権を握っていた公的福祉の地位が相対的に低くなる．そして，共助といわれる地域での相互扶助やボランティア活動の活性化に期待される．税金を主とする公的財源で福祉サービスを賄っていたのでは拡大するニーズに追いつかないことや，行政の介入が強すぎると民間活動の停滞を導くなどの理由によって，自発的な地域福祉を盛んにすることが新しい道とされている．医療と福祉の連携強化や保育所と幼稚園の機能変化への対応など，福祉サービスをめぐる総合化，体系化の動きのなかで，その隙間をうめたり，新しい方法を開拓する柔軟な立場の担い手が求められている．

これまでのように専門的社会福祉従事者だけでなく，多くのボランティアや住民の参加によって福祉の方向，内容そして質の高さが決まってくるのではないだ

ろうか．さらに静かな受給者から変身した能動的な利用者が増加することによって初めてより適切な内容のサービスがより適正な形で供給されるようになるだろう．

c．福祉ミックス時代の生活経営
（1） 福祉の個人化と社会化の同時進行への対応

　わが国の社会保険や社会福祉はこれまで世帯単位の原則で運営されてきたが，近年の制度改革では，家族の要件を問わないで本人の状態だけで決める方向が強くなっている．年金の拠出や給付の個人単位化や福祉サービス利用の際に家族の所得条件を考慮しないなどがその一例であろう．また政策の理念としても個人の尊厳が次のように強調されている．「これからの社会福祉には，個人が尊厳をもって，身近な地域においてその人らしく自立した生活を送れるよう支援することが求められている」（「社会福祉基礎構造改革の理念」より）．

　世帯単位から個人単位への政策転換をもたらした要因としては，長寿化や少子化のなかで単身生活をする時間や機会が増加していることや形式的には同一世帯であっても実状としては世帯分離が進んでいて世帯単位の支援は有効ではないことなどがあるだろう．また，1980年代までのわが国の福祉政策で強調されすぎた家族の相互扶助（日本型福祉社会論）への反省もあるかもしれない．

　ともあれ，1990年代の福祉改革では，急転回すぎると思われるほど個人化が強調され，同時に介護の社会化なども一挙に進められようとしている．ここには，世代間の年金給付のアンバランスをうめるためにすべての個人から保険料をとる必要が出てきたとか医療保険の赤字を介護保険で調整しなければならないなどの台所の事情があるとはいえ，新しい形の生活保障へ前進しようとする意気込みも感じられる．財政調整先行型の福祉改革を実質的な生活の安定と改善につなげるためには，生活経営に次のような方向が期待されるだろう．

　第一には，家族もちであれシングルであれ，すべての個人は自分を取り巻く福祉環境をフルに活用するような生活経営を実施すること．十分な質・量の福祉情報を入手し，適切な選択をし，福祉資源を生活の重要な資源として取り込んで生活すること．第二には，福祉の利用者としてだけでなく，担い手として地域活動に参加したり，福祉制度や活動の点検・評価をするための意見表明や社会活動を

すること．また必要かつ妥当な形での社会的ファンド（基金）への拠出責任はきちんと果たすことも重要なことであろう．

自助，共助，公助のそれぞれが活性化することが期待される福祉ミックス時代において，生活はこれまでよりいっそう個人化すると同時に社会化するであろう．社会のなかで手をつなぎ合えるような社会性と行動力を備えた個人が自らの個性を失わないで生活を安定的かつ創造的に形成していけるような生活経営の方法が開発されなければならない．

(2) 企業と政府に対抗できる生活経営のあり方

福祉ミックス時代には，生活者を取り巻く環境が複雑化し多様化してくる．わが国では今後，福祉産業化が進行するので，利用する立場には福祉商品の消費者としての自覚と選択技術も必要になってくる．一般のモノやサービスの消費者としては成熟した段階にある日本人も，福祉商品を前にすると経験が浅い．これまで政府主導であったために市場の整備も不十分なために，消費者は安物買いをしたり，詐欺にあったり，必要なサービスが手に入らなかったり，不当な値段のものを購入するなどさまざまなトラブルに直面することが予想される．

政府の側でもこれまで管理下にあった制度や施設やサービスが地方分権化や民営化によってこれまでとは違う方法で歩きだすのを一挙に見放すのではなく，必要な監督や支援を続ける必要があるだろう．しかし，それは新しい時代への後押しであって，前の時代への後退であってはならない．

福祉ミックスをよりよい方向へ導くのは，企業や政府にふりまわされたり，追随したりすることなく，個人や家族の生活形成にとって必要な福祉資源を適正に利用し，福祉環境の充実に貢献するような生活経営のあり方であろう．

〔松村祥子〕

文　献

岡沢憲芙・宮本太郎編，1997，『比較福祉国家論』法律文化社
加藤　寛・丸尾直美編著，1998，『福祉ミックス社会への挑戦』中央経済社
松村祥子編著，1996，『世界の社会福祉』放送大学教育振興会

---- コラム2 ----

生　活　者

　生活者という語は，1980年代末から1990年代にかけて頻繁に使われるようになった．その背景にはそれまでの生産者優位の社会に対する批判と反省が込められている．

　経済学の分野では，1960年代に大熊信行が大衆消費時代における「消費者」をこえる概念として，日常生活では生活者であるという自覚をもつことを提唱している．すなわち「消費者」という語は，資本にとっては生産した商品を消費する対象としてとらえるが，人間の生活自体は生命の維持・発展を行うことが第一で，その目的にかなって消費を行い，生産にも携わり，それ以外の活動も行うというように，生活をトータルに把握し直すことを意図している．それゆえ，必要とする商品を主体的に選び，使用し，評価する能力が要求される．

　これに加えて，自律的な生活をめざす生活創造者を意味する．他からの圧力に負けないで，また，時代の支配的な価値にもゆるぐことなく一貫性を守り抜いて，「対抗的」（オルターナティブ）な生活を隣人とともに創るために，地域の人との交流や連帯，共存を重視する．1980年代後半から1990年代にかけて政治や政策のなかでも取り上げられるようになった生活者という言葉の曖昧さに疑問をいだき，『「生活者」とはだれか』（天野正子，中公新書）などの著作も出されている．

（内藤道子）

2. 家族・地域のなかでの自立と共同

　近代化・産業化という社会全体の大きな変動は，地縁や血縁によって結ばれた伝統的な共同体を衰退させ，外部世界から隔離された私的領域としての近代家族を出現させた．その過程はまた，個人を前近代的な「身分」から解放し，人権の主体として浮かび上がらせる過程でもあった．さらに近年では，単独世帯の増加，晩婚化や離婚の増加などの現象にみられるように，近代家族も含め家族の位置づけが相対的に低下し，個人という存在が生活の単位としても鮮明になってきた．その結果，家族は「集団としての家族」を維持するために個人に犠牲を強いる集団ではなく，個人の自己実現を可能にするための組織であるべきだとの認識が広がってきている．そして，これまで家庭のなかで，家事・育児・介護を当然の義務のように担わされてきた女性の自己実現の欲求が高まるなかで，育児や高齢者介護の新たな担い手として家族の枠を超えた自立支援の社会的ネットワークに関心が高まっている．さらに福祉のニーズのとらえ方においても，ニーズの主体は家族という集団というよりも，子ども，高齢者，障害者などの個々人であると考えられるようになり，個々人のニーズに応える自立支援策が求められている．そうした視点から，本章では家族一般ではなく子ども・高齢者・男女それぞれに焦点を当て，個人の自立を支える家族と地域の福祉環境を検討する．なお，1.1節で述べられたように，「自立」の意味は「依存を前提とした自立」へと緩やかなものに変化しつつある．この発想に従い，本章では高齢者のみならず子どもも「自立」を実現する存在として位置づける．

2.1 子どもの自立と福祉

　家族や地域における子どもの存在は，近代社会の進展に伴って変化していった．近代社会の進展につれて，子どもに対する配慮と関心は増大した．子どもは保護の客体に位置づけられることから始まり，現在では大人同様に人権の主体として位置づけられるようになった．1989年に国際連合で採択された「子どもの権利条約」（以下，条約とする）は，この現代の子ども観を明確に示したものである．本節では，この条約の視点から現在の子どもの問題を検討したうえで，子どもの自立を支援する方策を探る．

a．子ども期と子ども観の変化
(1) 子ども期の変化
　前近代，子どもは共同体に向かって開かれていた家族のなかにあった．子どもは親の意志のもとにのみあるものではなく，若者組や子ども組といった共同体の集団に所属し，子ども仲間の掟に従い，仲間の行事に参加し，共同体の社会関係のもとで成長していった（桜井庄太郎，1948，p.136）．明治期に始まる産業革命は，一方で，工場での児童労働の広がりをもたらしたが，もう一方で，地縁や血縁のさまざまな共同体の絆から解放された近代家族を一部中間層に出現させた．新たな生活単位として誕生した近代家族は，子どもの成長をあたたかく見守り，子どもの教育に配慮することを重要な役割の一つとした．子どもは家庭でも学校での学習の延長線上にある勉強を行うことが求められ，閉鎖的な近代家族のなかに囲い込まれていった．もっとも1950年代前半まではそうした子どもの数はまだ少数にとどまっており，学校に通いつつも農業など自家労働を行うその他の多くの子どもは，大人の仕事を見習いながら働き，地域共同体のなかで成長していった．

　1950年代後半以降になると，あらゆる階層に近代家族が広まっていった（落合恵美子，1997，p.254）．進学率は上昇し（表2.1），家庭では，親が子どもの学歴取得を自らの重要な責任と考えるようになると同時に，学校生活も学歴競争の場へと変質の道をたどるようになった．子どもの生活は学校と家庭のなかに囲

表 2.1 高校・大学等への進学率（％）

年次	高校等への進学率[1]	大学等への進学率[2]
1955	51.5	10.1
1965	70.7	17.0
1975	91.9	37.8
1985	94.1	37.6
1995	96.7	45.2
1998	96.8	48.2

「学校基本調査」（5月1日現在）により各年3月卒業者について調査．
[1] 高等学校等の本科・別科，高等専門学校への進学率．
[2] 大学・短期大学への進学率（浪人を含む）＝大学（学部）・短期大学（本科）の入学者数（浪人を含む）÷3年前の中学校卒業者数．
（資料：文部省大臣官房調査統計企画課『学校基本調査報告書』『文部統計要覧』より作成）

い込まれ，かつて存在したような共同体の社会関係のもとで成長する機会は著しく減少した．

(2) 子どもの福祉と子ども観

　子どもの福祉の理念は，敗戦後の1946年に公布された日本国憲法の精神に基づき，1947年に公布された児童福祉法と1951年に制定された児童憲章によって明らかにされた．児童福祉法では，すべての児童は等しくその生活を保障され，愛護されなければならないこと，国および地方公共団体は保護者とともに，児童を心身ともに健やかに育成する責任を負うことを定めた．戦前にはほとんど意識されなかった子どもの権利が，戦後の一連の法制定により明確に規定され，「権利を享受する主体」としての子ども観が確立した．その後，表2.2に示されるような児童福祉に関する諸々の法律が制定され，児童相談所，福祉事務所，保健所

表 2.2 児童福祉関連法

1947年	児童福祉法
1960年	精神薄弱者福祉法
	（1998年　知的障害者福祉法に改称）
1961年	児童扶養手当法
1964年	母子福祉法
	（1981年　母子及び寡婦福祉法に改称）
1964年	特別児童扶養手当等の支給に関する法律
1965年	母子保健法
1971年	児童手当法

年の表示は公布年．

2.1 子どもの自立と福祉

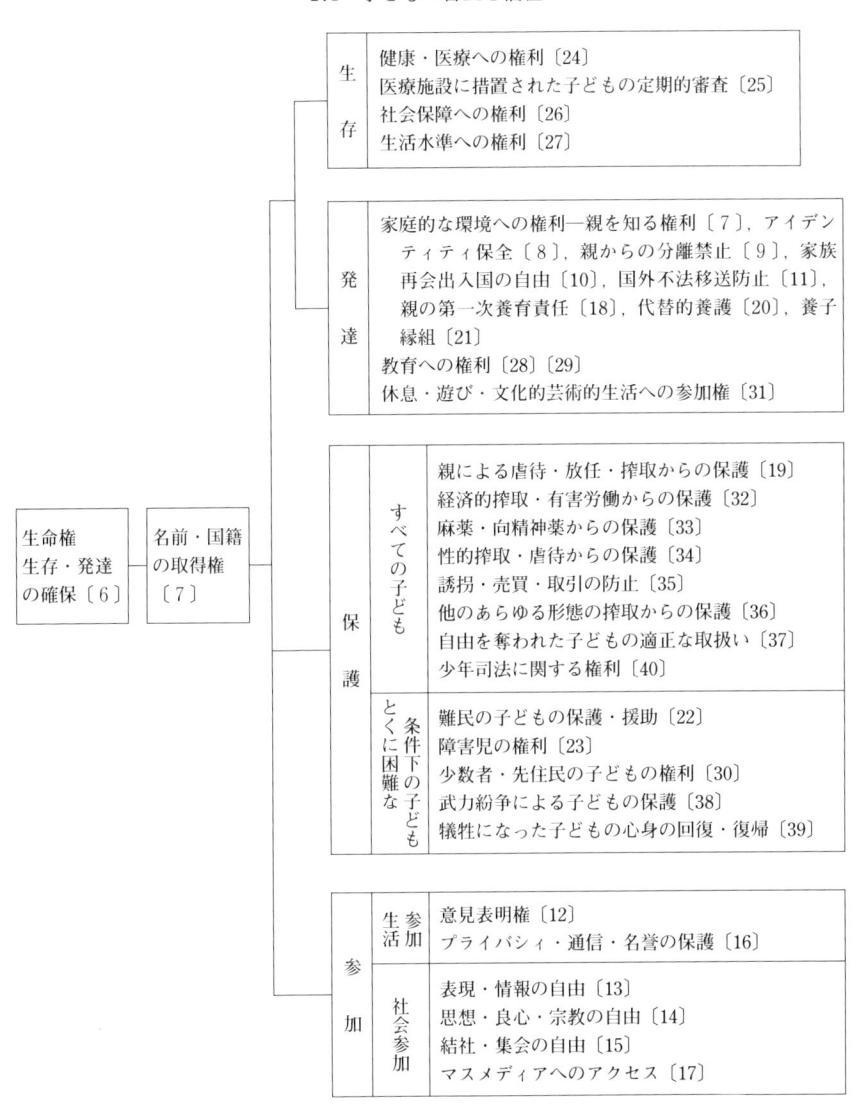

```
                    ┌─生存─┬ 健康・医療への権利〔24〕
                    │      │ 医療施設に措置された子どもの定期的審査〔25〕
                    │      │ 社会保障への権利〔26〕
                    │      └ 生活水準への権利〔27〕
                    │
                    │      ┌ 家庭的な環境への権利―親を知る権利〔7〕，アイデン
                    │      │   ティティ保全〔8〕，親からの分離禁止〔9〕，家族
                    ├─発達─┤   再会出入国の自由〔10〕，国外不法移送防止〔11〕，
                    │      │   親の第一次養育責任〔18〕，代替的養護〔20〕，養子
                    │      │   縁組〔21〕
                    │      │ 教育への権利〔28〕〔29〕
                    │      └ 休息・遊び・文化的芸術的生活への参加権〔31〕
生命権      名前・国籍  │
生存・発達 ─ の取得権 ──┤      ┌すべての┬ 親による虐待・放任・搾取からの保護〔19〕
の確保〔6〕 〔7〕       │      │ 子ども │ 経済的搾取・有害労働からの保護〔32〕
                    │      │        │ 麻薬・向精神薬からの保護〔33〕
                    │      │        │ 性的搾取・虐待からの保護〔34〕
                    ├─保護─┤        │ 誘拐・売買・取引の防止〔35〕
                    │      │        │ 他のあらゆる形態の搾取からの保護〔36〕
                    │      │        │ 自由を奪われた子どもの適正な取扱い〔37〕
                    │      │        └ 少年司法に関する権利〔40〕
                    │      │
                    │      │とくに困難┌ 難民の子どもの保護・援助〔22〕
                    │      │な条件下の│ 障害児の権利〔23〕
                    │      └子ども  ─┤ 少数者・先住民の子どもの権利〔30〕
                    │                │ 武力紛争による子どもの保護〔38〕
                    │                └ 犠牲になった子どもの心身の回復・復帰〔39〕
                    │
                    │      ┌生活参加┬ 意見表明権〔12〕
                    │      │        └ プライバシィ・通信・名誉の保護〔16〕
                    └─参加─┤
                           │        ┌ 表現・情報の自由〔13〕
                           │社会参加│ 思想・良心・宗教の自由〔14〕
                           └       ─┤ 結社・集会の自由〔15〕
                                    └ マスメディアへのアクセス〔17〕
```

図2.1 子どもの権利条約に盛り込まれた諸権利（喜多明人，1992）

などの機関も設けられ，子どもの福祉の充実が図られてきた．

さらに1989年には，これからの子どもの福祉を先導する基本的かつ最新の子ども観を含んだ「子どもの権利条約」が国連で採択され，日本では1994年に批准された．条約の最大の特徴は，「権利を享受する主体」として保護され，大人たちからさまざまな供与を受けるという従来の子どもの権利にとどまらず，「権利を行使する主体」として積極的に大人社会に参加する権利も子どもに保障したことである．同条約によって，子どもは自分の意見を表明する権利や，社会の活動に参加する権利を保障されるようになった（図2.1，喜多明人，1992，p.30）．

b．子どもをめぐる生活の現状
(1) 子どもと家庭・地域

条約の前文では，子どもは家庭環境のもとで，幸福，愛情および理解のある雰囲気のなかで成長すべきことを示している．しかし，日本の現状をみると，子どもの発達の妨げとなるさまざまな問題が家庭のなかで生じている．

近年特に問題になっていることに，「児童虐待」の問題があげられる．児童相談所の調査によれば，1996年4月からの半年間で2,061件の虐待報告があり，しかもその主たる虐待者の50.8％が実母だという（全国児童相談所長会，1997，p.28）．母親による虐待を親子関係の側面に即して整理すると，次の三つの問題点を指摘することができる．まず，①子どもの地位の低さである．子どもをどうしようと親の勝手というように，親が子どもを人権の主体と認識できずに自分の所有物と見なしていることに大きな問題がひそんでいる．次に，②母親の地位の低さである．母親一人に子育て責任を負わせる近代家族にあって，母親は我慢を強いられ，自己抑制させられる．かくして自分一人で子育てを抱え込み，追いつめられた母親が児童虐待を引き起こすことになる．さらに，①，②の複合的問題として，③母親が子どもに対し絶対的な権力をもっていることである．子どもが問題を起こせば母親の責任が問われ，成績が良ければ母親の手柄とされる．母親は重い子育て責任を負うなかで，「子どもは自分の思い通りになるはずだ」と錯覚する．そして思い通りにいかないと子どもに対する不満感を抑制できずに虐待してしまう（村本邦子，1996，p.53）．

こうした母子関係の問題は虐待だけでなく，先に指摘した家庭生活の学校化の

現象とも関連している．学歴社会が進行し，母親は子どもの学歴取得を自らの重要な役割と考えるようになった．そして現在の一般的な社会規範に照らし，母親として果たしている役割への評価を高めるために，子どもの意志にかかわらず学習塾や自宅学習の場を提供する．こうして家庭生活は点数によって序列化された学校生活の延長線になっていく．勉強を強制される家庭において，子どもは自立の要素の一つである主体的に行動する（1.1 節参照）ことが妨げられている．

また，子育ての責任が親に集中している問題の背景には，共同体が衰退した一方，それに代わる新たな共同関係が育っていないという地域の事情もある．かつて子どもは地縁，血縁，そして宗教上や同業者間の共同体に所属していたし，「親」という存在一つをとってみても，名づけ親，若者宿・娘宿の親，奉公先の親方など複数の親がいた．しかし，共同体が崩れて家族が孤立化するにつれ，子育て責任をもつ大人は親だけになってしまった．しかも，1995 年の国勢調査によれば，子どものいる家族のうち核家族が 71.1% を占め，夫婦と子どもの世帯の場合，平均世帯人員は 3.73 人と 4 人に満たない．ひとり親世帯も 6.4% を占め，その世帯人員は 3 人に満たない．孤立化し，小規模化した家族にあって，親以外に頼れる大人のいない子どもは必要以上に親を頼ろうとする．現在の地域と家族の関係のもとで，子どもが家族の枠を超えて自らの社会関係を地域で形成することは容易ではない．

(2) 子どもと学校

条約では，教育は子どもの能力をその可能な最大限度まで発達させることを指向すべきであると定められている（第 29 条）．子どもは子ども自身のために教育される権利があり，それを実現させる場の一つとして学校がある．しかし，子どもをめぐる現状をみる限り，登校拒否・不登校，高校の中途退学，いじめ，体罰，子どもの市民的自由を制約する校則，さらに学校運営への子どもの意見表明権・参加権の未確立の問題など，解決しなければならない課題は山積している．

学校をめぐる問題の起こる背景として，まず第一に，画一的な学習による子どもの多様性への配慮のなさが指摘されている（大田 堯, 1997, p. 189）．現実の教室では一人ひとりの修得のテンポや知能の働き方の違いを無視し，画一的な教材と画一的な速度で，子どもたちに学習内容の修得が要求される場合も多い．その結果，子どもは主体的に学習する意欲を削がれてしまう．さらに，その学習の

達成度のみによって成績が評価され点数と順番がつけられるならば，子どもは，縦並びの上下関係に差別され，自立に必要な自尊心をもてなくなってしまうだろう．

第二に，学校生活が競争原理優先になっていることである（同上，p.193）．現在の学校の学習をみると，学ぶこと自体に目的が置かれるのではなく，学歴競争に勝ち抜くための手段にされる傾向が生じている．教育の場で競争し仲間同士を相互に差別するようになれば，子どもは当然自己中心的になり，他者と協力し合う関係を築くのもむずかしくなるであろう．他者と関わり合いながら協調・共同の生活ができることも自立の重要な要素であると考えたとき（1.1節），競争原理のもたらす否定的な影響は無視できない．

(3) 子どもと遊び

子どもは，休息し，遊び，文化的・芸術的生活に参加する権利がある（条約第31条）．しかし，子どもが自由に主体的に遊べる環境が失われるなかで，発達の権利としての遊ぶ権利が侵害されている．

子どもの遊ぶ環境の変化の特徴は，第一に集団性の喪失である．伝統的共同体においては，遊びは若者組や子ども組などの地縁的な集団の主催する集団遊びであった．その遊びが，都市化・産業化の進行のなかで集団性を失ってしまった．この遊びの変質の背後にあるものとして，① 子ども数の相対的減少がもたらした子どもの人間関係の希薄化，② 共同体の紐帯の解体と，閉鎖的な近代家族の出現による大人-子ども関係の親子関係への一元化，③ 共同体が解体し地域集団の遊びのリーダーがいなくなり，それに代わって，国家が，そして母親が，さらには子どもレジャー産業が遊びの主催者になったことが指摘されている（中内敏夫，1994，p.145）．レジャー産業による子どもの遊びの変質は，子どもを企業の利潤追求の対象にしてしまっただけでなく，ファミコンゲームにみられるように子どもの遊びの単位を縮小し仲間関係を希薄にしてしまった．第二の特徴として，遊び場の喪失があげられる．産業優先の地域開発により，子どもの日常生活圏における安全な遊び場であった林や川，野原や空き地が急激に減少した．また，自動車の普及と交通量の増大によって，路地裏さえも安心して遊べる空間ではなくなった．子どもは自然のなかで，子ども集団との遊びを通して培われる子どもの感性や活力を伸ばすことができなくなった．第三の特徴は，遊びの時間の

細分化である．塾やテレビの時間になれば遊んでいた子どもも遊びをやめてそれぞれの場に向かうというように，暗くなるまで時間を忘れて遊びに熱中することができなくなっている．

(4) 子どもと福祉環境

子どもの福祉は以下に述べるように大きく四つの柱で構成されている．この柱のそれぞれについて，条約との関係で問題とされている点を指摘したい．

第一の柱は，「一般児童の健全育成」である．この事業には，児童館・児童遊園などの児童厚生施設の設置普及や放課後児童健全育成事業などがある．放課後児童健全育成事業（学童保育）については1997年の児童福祉法の改正（1998年施行）で，法律に位置づけられた事業となった．施設数も急増し，1999年現在では10,231ヵ所となっている．しかし，小学校数に対する学童保育設置率は42.1%にすぎない．しかも，年間補助金は子ども20～35人の施設の場合で，1999年度は一施設平均151.8万円にとどまっており，父母会運営でも1,000万円ほどかかっている運営費の実態と大きくかけ離れている（日本子どもを守る会，1999，p.114）．条約第18条には国の保育責任が明記されているのに対し，児童福祉法では学童保育を補助金事業と規定し，国の責任を曖昧にしている．学童保育の位置づけに対してはいっそうの検討が求められる．

第二の柱は，「特別な保護を要する児童への対応」である．要保護児童に対しては，乳児院，児童養護施設，知的障害児施設，肢体不自由児施設，児童自立支援施設などがある．このうち，保護者のいない子どもや虐待を受けている子どもが入所する児童養護施設には，1996年現在26,012人の子どもが生活している（厚生統計協会，1998，p.332）．「児童養護施設最低基準」によれば，施設で暮らす少年60人に対し，職員数は10人（単純に計算して，休日なしで職員が三交代の場合3.3人）である（基準第42条）．また，一人当たり居室面積の最低基準は$2.47 m^2$（約1.5畳）である（同第41条）．家庭環境を奪われ，虐待を受けた子どもたちの心の傷を癒し，自立を促していくためには，家庭で育つ子ども以上のケアが必要であるのに，そうした対応ができる基準になっていない．この基準では条約第27条にいう「子どもの発達のための相当な生活水準」を満たしているとはいえないだろう．

また，虐待を受けている子どもの保護（条約第19条）については，虐待する

親からの保護がむずかしいという問題がある．なぜなら，児童福祉施設などへの入所の措置は親権者の同意がなければできないからである．「親権」とは，親の未成年子に対してもつ身分上・財産上の権利義務であり，懲戒権や居所指定権などをもつ．この「親権」が子どもを親から引き離して保護しようとする児童相談所など公的機関と衝突する．そして，一度保護しても，親の引き取り要求に対し拒否することが困難なために，子どもの生存権（条約第6条）を保障できない事態も生じている．たとえば，「父親による虐待から保護を求めて母親より（児童相談所に）相談があり，乳児院措置に至る．その後両親はいったん離婚したが，再び復縁し，子どもの引き取りを要求．父からの虐待はない旨の確認を母親に行い，そのまま措置解除としたが，10日後に子どもは両親の折檻により死亡」という事例も報告されている（厚生省児童家庭局，1997，p.7）．

第三の柱は，「保育に欠ける児童への対応」である．1997年の児童福祉法の改正で，「保育に欠ける児童」の保育園への入所は，市町村の「措置」から保護者の「選択利用制度」へと親の選択権の拡大と自治体の責任を軽減する形で改正された（詳細は3.1節参照）．しかし，現実には保育園に入りたくても入れない待機児童が1998年度では全国で39,545人に上る（日本子ども家庭総合研究所，1999，p.200）．絶対数が足りないところで選択権の保障は難しい．さらに，条約第18条で，親の第一次的養育責任，親を援助する国の責任とともに，働く親をもつ子どもの保育を受ける権利を保障する国の責任を定めたにもかかわらず，1997年の児童福祉法改正の際も，子ども自身の「保育を受ける権利」は明文化されなかった．

第四の柱は，「児童手当」などの経済的給付である．児童手当の支給対象は3歳未満である(2000年6月から小学校入学前まで)．支給額は，第一子，第二子が月額5千円，第三子以降が1万円であり，生活保障の金額としてはとても十分なものとはいえない．しかも所得制限があり，1999年度では四人世帯で年収が284万円以上（特例給付の場合は475.0万円）は支給対象から除外される（厚生省，1999，p.430）．所得制限という点では，母子家庭などに支給される児童扶養手当についても制限がきびしい．1999年度では二人世帯で年収が204.8万円以上の世帯は支給対象から除外される（厚生省，1999，p.431）．ちなみに1998年の家計調査によれば全勤労者世帯の平均実収入は706.7万円（平均世帯人員3.5

人)である(総務庁統計局,1999).その金額と比べたときに年収204.8万円以上の世帯を除外する規定は,子どもの発達のための相当な生活水準への権利(条約第27条)を保障するものか否か,その妥当性が問い直されるべきである.

c．子どもの自立を支える生活資源と福祉環境

子どもをめぐる実情はこれまでみてきたように,自立の要素である主体的に行動し他者と協調・共同できる力を子どもが育める状態にあるとはいえない.

生活経営の視点から考えると,子どもの自立を育むために重要なことは,子どもを大人同様「生活への要求の主体者」(金田利子,1990,p.37)と位置づけることである.まず,子どもが自らの生活上のニーズを表明できる権利が保障されること,そしてそのニーズが周囲に理解されること,さらにニーズを充足する資源が獲得できることである.表2.3は,モーウェンらに従って(Goldsmith, E. B., 1996, p.83),子どもの自立に必要な生活上のニーズとその資源を整理したものである.ニーズは,生命の維持,快楽の獲得という物質的ニーズや,他者との交流,親密な関係という社会的ニーズなどがあり,それぞれのニーズに資源が対応する.子どもはこれらの資源を,社会的資源である親,友人,近隣,教師,社会福祉施設職員などとの相互作用を通じて獲得する.さらに,このさまざまな社会的資源間で共同の行為を行うことによって子どものニーズは充足される.たとえば,親が十分な形で子どもを育てられないときは,親の責任を問うのではな

表2.3 子どものニーズと生活資源

ニーズ(needs)	ニーズの内容	資源(resources)
物質的ニーズ	生命の維持 感覚の快楽の獲得	物質的資源
社会的ニーズ	他者との交流・相互作用 グループへの所属,親密な関係	社会的資源
情報のニーズ	知識の獲得,研究,調査 知的好奇心の満足など	情報の資源
富のニーズ	他のニーズを満たすための金銭 財産など	富の資源
時間・環境	ニーズを取り囲む空間	

資源の分類については,モーウェンらの資源管理モデルの分類を参考にした.
(Goldsmith, E.B., 1996, p.6, 83 より作成)

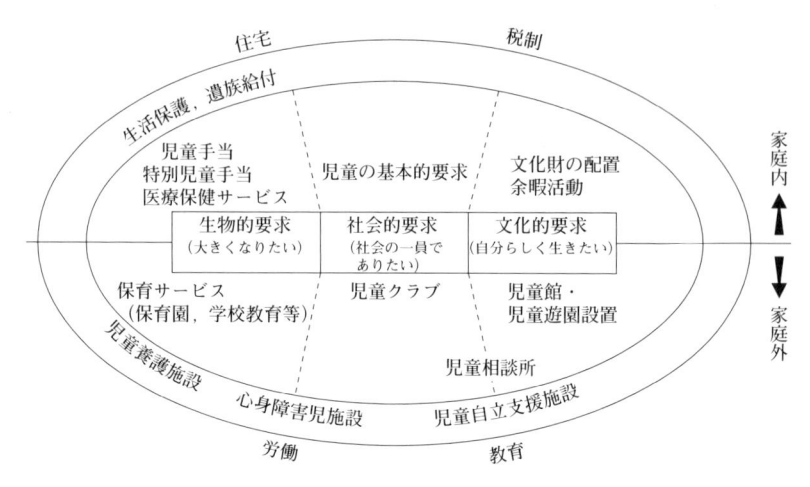

図 2.2 児童の基本的要求を軸に配置した社会保障制度（松村祥子編，1994）

く，子どもの自立を社会的資源の共同の力で支援するという選択をとることも必要である．

共同体が衰退し，孤立化・小規模化した家族だけでは子どもの自立を支える生活資源を供給することはできなくなっている．自助・共助・公助を組み合わせて社会全体で子どもに生活資源を供給する必要は，現在ますます高まっている．その際，特に配慮が必要なことは，「親を選べない子どもたち」が，遺伝子や生まれ出た環境の違いゆえに不利益な扱いを受けることのないように，できるだけ公平な生育環境を社会的に保障することである．子どもに対する具体的な社会保障は，松村祥子（1994，p.70）に従えば，図2.2のように整理できる．図は，現在の社会保障制度を子どもの基本的要求を軸にして配置したものである．制度の枠組みとしてはかなり網羅的で総合的なものになっている．しかし，一つひとつの内容については，上述してきた通り改善の必要がある．子どもの自立支援のためには，子どもへの公的責任を曖昧にすることなく，子どもの社会的資源間の共同の力で豊かな福祉環境を整えることが望まれる．

〔久保桂子〕

文　献

大田　堯，1997，『子どもの権利条約を読み解く』岩波書店
落合恵美子，1997，『21世紀家族へ（新版）』有斐閣

金田利子, 1990, 「幼・児童期の親子関係」, 『家族関係学』No. 9
喜多明人, 1992, 「子どもの権利条約と子どもの参加」, 『別冊 発達 12. 子どもの権利条約と児童の福祉』ミネルヴァ書房
厚生統計協会, 1998, 『国民の福祉の動向』Vol. 45, No. 12, 資料は厚生省『社会福祉施設等調査報告』
厚生省, 1999, 『厚生白書 平成 11 年版』ぎょうせい
厚生省児童家庭局, 1997, 『児童虐待に対する児童相談所の取り組みの実態（報告聴取結果の概要）』
Goldsmith, E. B., 1996, *Resource Management for Individuals and Families*, West Publishing Company
桜井庄太郎, 1948, 『日本児童生活史（新版）』（教育名著叢書 10, 1957）日本図書センター
全国児童相談所長会, 1997, 「全国児童相談所における家庭内虐待調査結果報告書」, 『全児相』Vol. 62 別冊
総務庁統計局, 1997, 『国勢調査報告 平成 7 年』日本統計協会
総務庁統計局, 1999, 『家計調査年報 平成 10 年』日本統計協会
中内敏夫, 1994, 「『児童労働』の時代 ―〈形成〉の社会史序説―」中内敏夫ほか『企業社会と偏差値』藤原書店
日本子どもを守る会, 1999, 『子ども白書 1999 年版』草土文化
日本子ども家庭総合研究所, 1999, 『平成 10 年度版 子育てマップ資料集』第一法規出版
松村祥子編, 1994, 『社会保障論』放送大学教育振興会
村本邦子, 1996, 「子どもの虐待の理解とその予防」, 『発達』Vol. 17, No. 67

2.2 高齢者の自立を支えるネットワーク

　高齢者がもつ社会関係とネットワークのあり方は，時代とともに変化している．本節では，変化の実態と背景を探り，現代に生きる高齢者が創り維持するネットワークの特徴や課題を把握することを目標に，高齢者の自立を支えるネットワークの方向を考える糸口を探りたい．

a．高齢者を取り巻く家族と地域の変化
　日本の高齢者は，長寿化そして少子化の結果，絶対数においても，また比率においても，社会的な比重を大きくしてきている．65 歳以上の高齢者の人口割合をみると，1930 年から 1960 年の 30 年間では 4.8% から 5.7% へと微増であったのに対し，その後の 1990 年までの 30 年間で 12.0% へと倍増し，1997 年には 15.7% に達した．しかも 2020 年には 26.9% にのぼることが予測されている

(巻末資料参照).

　高齢者を含む世帯構成を表2.4に示した．世帯構成の形態別にその割合をみると，子どもの家族との三世代同居を一定の割合残しながらも，より多くは，高齢者夫婦のみ，あるいは高齢者単独（の居住）の形態であることがわかる．また，日本の高齢者は，地域的に均等に分布し居住しているわけではない．この半世紀に日本が経験した大きな社会変動のなかで，現状では看過できない地域間の格差が生じている．図2.3は，都道府県ごとの，65歳以上の高齢者を含む世帯の一般世帯に対する割合，およびそのなかでの「核家族的世帯」（核家族世帯か単身世帯）の割合をみたものである．高齢者の生活の違いを浮かび上がらせる四つの類型が確かめられる（小内純子（1996）の整理のしかたを参考にした）．高齢者

コラム3

社会的ネットワーク

　社会的ネットワーク（social network）とは，集団や組織などの範囲に限定されない人間関係の広がりをとらえるためにつくられた分析概念である．その概念の基本的内容は，諸個人の行動を，個人の属性，集団内地位および役割などによって説明するのではなく，個人の周囲に広がるネットワークの性質・内容・構造によって説明しようとするものである．特定の個人を中心に広がるネットを対象とする場合，個人ネットワーク（personal network）と狭義の意味で呼ばれることもある．広義には，諸個人，集合体，機関などの社会システムを構成する諸要素間の社会関係を示す概念として用いられている．また近年，福祉や医療などの領域でサポートネットワーク（supportive network）といった概念への関心が高まっている．サポートの受け手の日常生活を支える公私にわたる諸主体，すなわち家族や親族，地域，そして社会福祉諸機関を，サポートネットワークという概念でとらえようとするものである．サポートネットワークの形成は，人びとの対等な関係性と社会的連帯に基づく相互支援の可能性を増大させる一方，国民の自助努力と相互扶助の装置として位置づけられ，制度的な社会福祉を後退させる概念として用いられる可能性もある．サポートネットワークを今後の福祉社会の重要な戦略にするためには，ネットワークを構成する諸主体間の役割分担と連携についての詳細な検討を行うことが必要である．　　　　　　　　　　　　　　　　　　　　　　　（久保桂子）

（参考）ミッチェル，J. C. 編，三雲正博ほか訳，1983，『社会的ネットワーク』国文社
　　　藤崎宏子，1998，『高齢者・家族・社会的ネットワーク』培風館

2.2 高齢者の自立を支えるネットワーク

表 2.4 高齢者（65 歳以上）のいる世帯数（推計数）

年次		総数(千世帯)	全世帯に占める割合（％）	単独世帯	夫婦のみ世帯	親と未婚の子の世帯	三世代世帯	その他の世帯
(実数)	1980	8,495	24.0	910	1,379	891	4,254	1,062
	1990	10,816	26.9	1,613	2,314	1,275	4,270	1,345
	1997	14,051	31.5	2,478	3,667	1,920	4,245	1,741
(割合)	1980	100.0	—	10.7	16.2	10.5	50.1	12.5
	1990	100.0	—	14.9	21.4	11.8	39.5	12.4
	1997	100.0	—	17.6	26.1	13.7	30.2	12.4

（厚生省『国民生活基礎調査』）

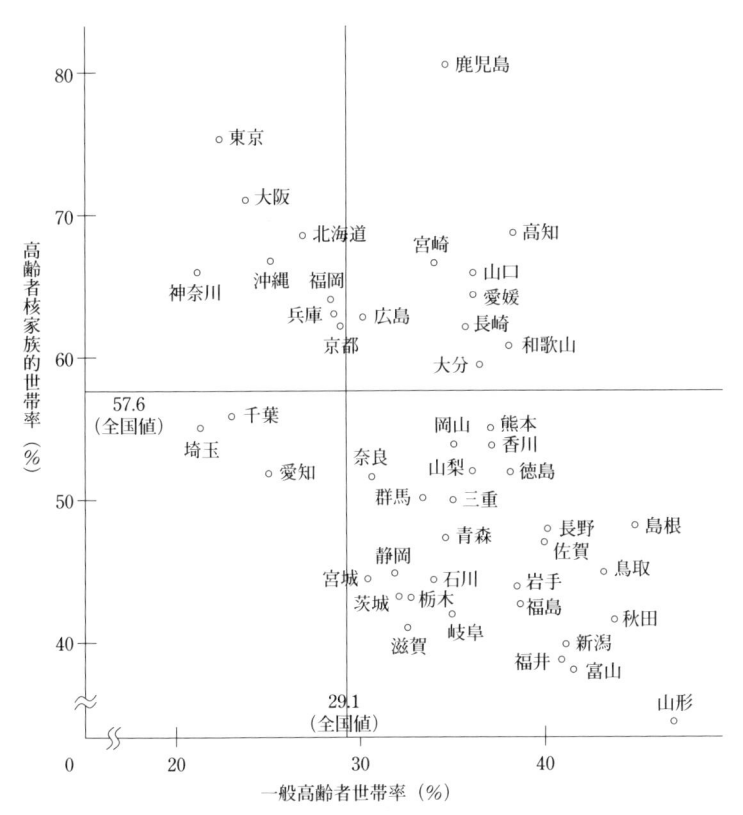

図 2.3 高齢者世帯の分布（都道府県別，1995）（総務庁「国勢調査」）
一般高齢者世帯率＝65 歳以上の親族のいる一般世帯/一般世帯×100
高齢者核家族的世帯率＝(65 歳以上の親族のいる一般世帯のうち，核家族世帯＋単身世帯)/一般高齢者世帯×100

世帯の割合が高い地域も,核家族的世帯として生活する高齢者が比較的多い地域(鹿児島など)と,多世代にわたる世帯のなかで生活する高齢者の多い地域(山形など)の二つに分かれることがわかる.

b. 高齢者の生活課題

高齢者は,前述したような社会的な位置のなかで,さまざまな課題をもって生活している.それらの生活諸課題は,表2.5に示すような生活上のさまざまな不安から生まれる.つまり「経済不安」「身体不安」「関係不安」などである.

「経済不安」とは,家計の維持に関してのものであり,それは,病気,災害など,誰にでもありそうな,生活上,人生上の危機への対処の可能性への不安でもある.十分な資金が,収入や資産,また保険として確保されることが不安解消の手立てであり課題である.経済的自立の課題であり,それは日常生活の存続,さらに健康の保持の基礎的な条件であり,それぞれの人のこれまでの働き方に条件

表2.5 高齢期の生活に対する不安

	割合(%)
(1)不安の有無	
不安を感じることがある	89.2
特に不安を感じることはない	9.6
わからない	1.1
(2)不安の内容(複数回答)	
自分や配偶者の体が虚弱になり病気がちになること	49.4
自分や配偶者が寝たきりや痴呆老人になり介護が必要になったときのこと	49.2
老後の生活資金のこと	35.5
配偶者に先立たれた後の生活のこと	27.4
子どもや孫などと別居し,孤独になること	13.0
世の中の動きから取り残されること	8.3
仕事のこと	8.1
同居している子どもやその配偶者とのつきあいのこと	6.1
自由な時間の過ごし方のこと	5.4
友人・仲間とのつきあいのこと	4.0
その他	0.5

対象は,全国に居住する30歳以上60歳未満の男女,2,277人.
(厚生省『厚生白書 平成8年版』)

表 2.6 要介護高齢者の発生率（％）

	65～69歳	70～74歳	75～79歳	80～84歳	85歳以上
寝たきり（寝たきりでかつ痴呆のものを含む）	1.5	3.0	5.5	10.0	20.5
要介護の痴呆性（寝たきり者を除く）	0.0	0.5	1.0	1.5	3.5

（厚生省『厚生白書 平成8年版』）

表 2.7 寝たきり・痴呆性・虚弱高齢者の将来推計（万人）

	1993年	2000年	2010年	2025年
寝たきり（寝たきりでかつ痴呆のものを含む）	90	120	170	230
要介護の痴呆性（寝たきり者を除く）	10	20	30	40
虚弱	100	130	190	260
計	200	280	390	520

（厚生省『厚生白書 平成8年版』）

づけられながら，少なくとも最低限度の水準が保障されることを期待されているものである．

「身体不安」とは，自分が思い通りに動けなくなることや，死ぬことへの不安である．高齢になるとともに身体的に不自由な部分が増す．表2.6にそのことを示すとともに，介護を要する高齢者の数が将来にわたって増加することを予測したものを表2.7に示した．現在すでにもっているか，今後引き受けるであろう病気や障害の治癒あるいは進行を防ぐ技術への確信，つまり医療者への信頼や，医療技術と資金の確保が不安解消の源であり，また，日常におけるさまざまな生活行動への支援の確信，つまり，信頼できる相手による行き届いた支援が確保されること，それに関わる資金が確保されることも，不安解消には重要である．おおむね「経済不安」と連動している．そして，死を受け入れる気持ちを時間をかけて自らのなかにつくりだしうることが，最後には要請される．

「関係不安」とは，孤独であること，他人から無視されること，つまり他人にとって無意味となることへの恐れであり，人生の意味や，自らの社会的な役割を問うものである．周囲に人間関係の相手が存在し，その誰かに認められている確信があることによって，この不安は軽減される．私たちは，ともに共同の生活を

おくっているという当然の事実を，ときおり意識的に思い起こさざるをえないほどに，相互に疎遠で孤独な生活を日常的には強いられることが多い．組織された生存競争にさらされ続ける私たちは，高齢期に至っても，相互の連帯よりも牽制を生みやすい．外的なシステムあるいは仕組みによって連結された間接的な「共同」生活ではなく，対面的直接的な共生を私たちは結局求めているし，それなしの生活の味気なさが語られることは多い．これらのさまざまな不安が軽減されることを通して，高齢者は，他に対して確立された自己を確保し，自らの判断を基礎にした，疎外感のない毎日をおくることができる．

　上に述べたいずれの不安も，現状では十全には取り除かれていない．また高齢者それぞれの社会階層や文化資本の内容によって，不安の内容や強調点は異なる．それでも，全体的には，経済不安の解消から始まり，身体不安の問題の解消が進められつつある．しかし，経済的に自立し，また健康な動ける高齢者においても，関係上の問題は残されている．自ら解決するしかない問題ともいわれてきているが，引退している高齢者において，関係の維持は簡単なことではない．人は，関係のなかで，他から評価されてこそ，人としての自己信頼を得ることができ，日常生活を，他との関係を保持しながらおくることができる．逆にいえば，それらが失われるとき，人としての尊厳を失い，関係を保持していく力を失うことになる．自立した個人としての自尊心の維持，自己決定権の確保は，社会関係の積極的な形成のなかでこそ可能となる．

c．高齢者とネットワーク
(1) 社会関係の二面性

　私たちのもつ社会関係は，社会分業の一端を担うべく組織されたネットワークのなかで展開される機能的な諸関係が，主要な内容の半分である．職場などの生産場面，奉仕活動など，社会的な活動に関わる．この意味では，家の中の関係も，家業が維持されている限りでは，機能的な関係の側面をもつ．しかし，家族，親族，友人，地域社会の近隣，趣味の会の仲間など，社会関係ではあっても，目的の達成（機能）よりは，関係自体の存続に意味があるような関係も多数，私たちの周囲には展開している．むろん，この二つのタイプは明瞭に分けられるわけではない．個々具体的な社会関係は，それぞれに，程度は異にしても，

何らかの仕事，社会的な意味のある機能を果たす面と，それを媒介にしながら，お互いを支え合う面と，二つの側面をもっていて，いずれかの側面が相対的に前面に出ているものと考えた方がよいのかもしれない．

　高齢者を取り巻く社会関係は，引退する前とは異っている．職場あるいは生産場面での機能的な関係への参加の必要が消えている．これは，近代工業社会になって，つまり，家業が比重を少なくして以来はなはだしい．日本でいえば，「家」が意味を失うのと並行している．「むら」もまた，協同を必須とする生産場面を失うにつれて，高齢者の居場所をなくしてきている．つまり，この社会の枢要な生産場面における組織的社会関係のネットワークから，引退した高齢者は排除されている．自分の周囲にもつ生産面での社会関係を失う．それを，私たちは「引退」といっている．

　引退した高齢者に残される社会関係は，多くは文化の伝承の場面に関わるものであり，そして，関係の維持が優先されるような性格の強い諸関係である．生産場面での日常的な貢献はなくなっても，それ以外の場面で，いかにその存在を認められるかは，生活上の大切な支えとなる．まさに生き続ける意味である．伝統的・慣習的な関係が変質したり希薄になったりしているなかでは，若いときから培ってきた仲間関係は貴重である．仲間関係のなかでは，ただ相互に「在る」ことが求められている．機能的な役割というよりも，存在そのものが求められる．そのような相手との関係はほかに多くはない．高齢者の生活の最後の砦となる可能性がある．人生の同志というべきであろうか．

(2) サポートネットワーク

　ところで，高齢者が社会福祉的な諸活動の「対象」として存在する場合には，関係の一方の担い手になる．しかし，これが本人にとって意味ある「社会関係」として現れるためには，本人自身が，より積極的な関わり方をこの関係に意義づけなければならないし，そのようなことが可能になる環境が必要である．受け身のままでは社会関係にならない．人として，他に積極的に働きかけ，相手の反応を受け取るという相互性こそ意味ある社会関係を形づくる．例えば，介護の関係は，介護される人が，介護する人に何を提供できるかで，意味あるものになるか，単に物的な関係に終わるかの違いを生み出す．

　高齢者の生活の自立に関わる多様なサービスの提供あるいは生活支援において

は，よりよいものをより効率的に提供するという水準が最も重要であろう．その意味では，サービスの提供側のスタッフの専門性が重要であり，高齢者もそのような高い内容のサービスを受け取る権利を有している．しかし，さらにいえば，その提供の仕方が，例えば，窓口で高齢者に対応する人や移動を手助けする人や介護の担い手のありようが，高齢者自身の「社会関係」を創り出すような水準で行われるようなものであれば，関係欲求を満たすものともなり，より快適な高齢者生活を保障するものとなろう．

　高齢者の周囲におけるそのような意味ある関係性の展開と，各個における主体的な選択とそれに伴う自己責任への構え，したがって自立あるいは自尊心の確保は連動している．精神的自立と社会性あるいは関係性のありようとは，別のことではない．

　こうしてみれば，私たちが高齢者の生活を支えるために必要だと考える社会福祉上の諸関係（「サポートネットワーク」あるいは「サポートシステム」）は，高齢者自身の社会関係のネットワークとはとりあえず別のものである．彼らの人生を支える諸関係の多くは，彼らが積極的に創り出し維持していくはずのものである．経済的・身体的に自立した生活を支えていく生活支援の諸関係は，基本的な重要性をもつものであり，機能的な性格を明瞭に示すものである．これらは，この半世紀の私たちの努力のなかで，問題を残しながらも一定程度整備されつつある．しかし，これらとともに，各個の人生の「意味」を支える関係の形成・維持が重要であり，さらに，上記の機能的な諸関係においても，先に述べたような互いを支えていく「社会関係」としての側面が，私たちにとって重要となる．

d．高齢期を考える新しい経験

　高齢者の関係不安を解消し，自己信頼を失うことなく日常生活をおくり続けるためには，いくつかの工夫が要請される．そのような工夫は，全国各地で取り組まれ成果をあげつつあるが，そのなかで，神戸の「真野ふれあい住宅」の経験（林　玉子，1999）や函館の特別養護老人ホーム「旭ヶ岡の家」の経験（フィリップ・グロード，1996）もまた，今後を考えていくうえでのいくつかの示唆を私たちに与えてくれるものと思われる．

　第一の事例としての「真野ふれあい住宅」は，阪神・淡路大震災の被災者向け

の復興住宅の一つである．被災前の住民生活や仮設住宅での経験，つまりお互いに共有された文化のなかで培われた相互交流の蓄積を活かすことを志向して，この集合住宅が創られた．コレクティブハウスの一つの事例として紹介されてきている．29戸が生活する，神戸市営の賃貸住宅である．神戸の都心に近い住工混合地域の一角にある．多目的室や談話室などの共用部分を多くし，そこを相互の相談のなかで使えるようにし，それを媒介にした関係の日常的な保持を考慮したものである．各戸の軒先にあたるテラスの往来を自由にするなど，下町の路地裏生活を思い起こさせる設計になっている．都心の公営住宅に住む人びとには高齢者が多いという社会的事実を無視しなければ，都心あるいは都心周辺部の商工住混合地域の，高齢者にとっての住みやすさを見失うことはない．都会的な関係のもち方のある成熟を，この住宅は取り込んでいるといえるであろう．若い人や働き盛りの夫婦世帯も排除されていない．彼らなしには，地域社会が運営できないことは経験されてきた事実である．在宅福祉の今後の展開を考えるうえで，住民間の相互支援は，家族内でのそれと同様に，無視できない資源である．隙間を埋めるようなその機能の遂行は，ふだんからの日常的な相互接触の展開なしには無理である．

　第二の事例である特別養護老人ホーム「旭ヶ岡の家」は，同じ社会福祉法人に属する特定有料老人ホーム「レジダント」，在宅介護支援センターを含む在宅複合型施設「ベレル旭ヶ岡の家」などとともに，北海道函館市の郊外に立地している．定員は83名．ホームの経営者フィリップ・グロード氏は，日頃から，ホームは高齢者にとって普通の生活の場であり，一つの社会である，日常生活の多くを占める文化的な生活をいかに保障するかこそが，ホームにとって大切なのだと強調している．「エレガントな生活」とも表現する．このことを実際に生かした経営が，「旭ヶ岡の家」で展開されているように思われる．家族の訪問を自由にし，個室が原則であり，入居者の自由な生活，つまりそれまでに培ってきた生活の普通の姿を大切にしている．個別の生活や個人の判断を尊重しながら，選択された共同性を実現していく場を考慮している．さらに在宅支援センターをつくり，地域社会へ積極的に手を伸ばし，ホームの居住者の生活を地域社会につなげる工夫をしている．訪問看護，ヘルパー派遣，ヘルパー養成，短期滞在受け入れ，地元医師会病院との連携，施設の開放など，自立支援の体制づくりに積極的

である．在宅高齢者の介護支援のシステムを，施設のサービスや資源と連携させながら創りつつある．

福祉の先進国デンマークでは高齢者支援に関して，「人生の継続性の尊重」（生活をなるべく変えないですむようサポートする），「自己決定の尊重」（自分の人生のあり方は高齢者自身が決め，まわりはそれを尊重する），「自己資源（残存能力）の活用」（過剰な世話を避け，補助器具や住環境を整えることによって，残された能力をできるだけひきだす）の三つを原則としている（大熊由紀子，1990）．

つまり，高齢者の生活のなかから支援の必要な部分を探り出し，そこを補っていく仕組みづくりがなされる．高齢者になったからといって，それまでとは別の生活様式を求められるのではない．個別に生活する場面ではたぶん選択しないであろう行動や対象，逆に必ず選択するであろうことの一群は，その人の人生の凝縮された文化ともいえるものであり，できうる限り尊重されるべきであるのは当然のことである．主体的な選択，したがって心の自立が可能になるには，それぞれの人が心のなかに抱え，また日々の行動選択のなかに示してきた文化への相互の尊重が大切なのであり，そのための支援というべきである．安定した，安心のできる介護を受けられると確信できることが，在宅での生活を保障する．慣れた地域社会での生活は，決まった風景やなじみの人びとによる関係の持続を含み，明日もまた同じ生活をおくれそうだという安心を生む．長い人生において，私たちは変化を求める時期や段階を一方でもつとともに，反復と持続を求める時期をもつ．

先の二つの事例は，いずれもこれらの考え方を具現しようとしたものであろう．「真野ふれあい住宅」は，日常生活のなかでの相互支援を，いくらか踏み込んだ形で示したものであり，都市生活のなかでは，より自覚的な取り組みを必要とする内容のものである．地域での在宅福祉が期待する，地域社会での相互支援の土台となるものである．近隣の人びととの協力関係は，高齢者の生活の支援システムの構築にとって，ある意味で要であり，一定程度の制度化への要請さえ地域によっては生まれている．ただ，慣習的・伝統的な地域社会との違いをいかに自覚化するかはいまだ課題なのであり，真野の事例でも，関係の持続に関わるある「しんどさ」が，居住者によっては語られている（中島れい，1999, p.62）．

設計者の理念・思惑と現実の住民の思いとは若干のずれがある．相互支援の具体的な要請と，都市生活の魅力である匿名性との間で，微妙な近隣関係の揺れが示されている．「旭ヶ岡の家」は，介護の社会化の新たな段階を示している．支援を受けながら，あるいは支援を提供しながら，高齢者が自立して生活していく仕組みを形成し維持していくことは，要介護の状態また施設サービスを選択した場合には簡単ではない．このホームでは，その仕組みづくりを，多様な試みのなかで慎重に積み重ねるように持続している．

ただ留意すべきと思われることは，基本的に自己決定による選択を大切にしながらも，社会的に合意された妥当な水準での「健康で文化的な」生活を誰にでも保障する仕組みを伴うことが重要であることである．「自己責任」の名目で，構造的に形成されてきている社会的な階層分化の問題を看過することは，私たちの選択する道ではない．また，高齢者自身が，強い自立への志向をもつ限りで，これらのことが可能になるのは前提として重要なことであるが，日本のこれまでのように，社会が高齢者を一方では放置し，一方では「措置」し収容状態に置くという，いずれにしても手間のかからない方法を選択しているなかでは，支援を受けながら自立する構えを持続的にもつのは，むずかしいのである．

e. 高齢者の自立と共生

私たちは老親のために，自分たちの思い描く老後のために，どのような工夫を重ねればよいのだろうか．役に立つ人生，役に立つ自分と意味のある人生，意味のある自分を手にしながら，残りの人生を生きるために，何をなせばよいのだろうか．

社会生活のなかでの自立とは，孤独のなかで，他を頼らずに生きるということではありえない．社会化された生活様式を前提にした，そして基本的に，他との関係のなかでこそ自己の尊厳を確認しうるという，私たちの人としてのありようを考えれば，関係のなかでの自立，あるいは相互の支援を前提にした自立であるしかない（藤崎宏子，1998）．関係の形成は，同時に他への配慮のなかで自らの行動を選択するということであり，制約を生むことは必至である．しかし，問題は，その制約一般ではなく，行動選択において，その制約を考慮しつついかに自らの判断をなしえ，また自ら納得したのかということであり，これは私たちの状

況がいかなるものでも変わらないであろう．自らの力を信じ自らの力を自ら使う，というありようを，私たちは大切にしなければならず，他に対してもそれは同じ配慮を要する．それが共生である．つまり，そのことが最大限に可能になるような環境の形成が私たちの課題である．高齢者の自由な意思の表明と行動選択，それを基礎にし，またそれを生む社会的なネットワークの維持，これらが確保されるような環境の形成である．与えられた関係ではない仲間の存在は，その意味で重要であるし，象徴的な意味ももつ．仲間なしには家族や近隣をこえることはむずかしい．自治体の政策施策，協同の活動，いずれにしても私たち自身が支えるしかないものである．

（高田洋子）

文　献

大熊由紀子，1990，『「寝たきり老人」のいない国—真の豊かさへの挑戦—』ぶどう社
小内純子，1996，「地域社会変動と家族」，岩城完之編『産業変動下の地域社会』学文社
グロード，フィリップ，1996，『おとしよりに太陽を—SOS！日本の老人福祉—』労働旬報社
厚生省，1996，『厚生白書 平成8年版—家族と社会保障—』ぎょうせい
厚生省，1999，『厚生白書 平成11年版—社会保障と国民生活—』ぎょうせい
中島れい，1999，『老後を大震災の街に生きる』栄光出版社
林　玉子，1999，『40歳からの快適居住学』講談社
藤崎宏子，1998，『高齢者・家族・社会的ネットワーク』培風館

2.3　家族・地域への男女の共同参画

a．社会の変化と男女の関係
(1)　国際的な動向と日本の対応にみる男女共同参画の方向性

　国連は1945年の発足以来，女性の地位向上に向け活動してきたが，1975年の国際女性年以降の国連の取り組みは，日本の男女の共同参画の推進に大きな影響を与えてきた．
　例えば1979年に採択された「女子差別撤廃条約」を，日本政府は1985年に批准したが，それに向けてなされた国籍法の改正，男女雇用機会均等法の制定，家庭科の男女共修化は，制度的な男女平等の社会的枠組みを大きく進展させた．またそれを契機に，今日までいくつかの法の改正や制定がなされている．しかし，

こうした男女平等の制度的枠組みが，必ずしも真の意味での男女平等な社会を形成していない．男女平等に実効性のある制度のいっそうの整備と同時に，その枠組みを生かせる男女個々人のライフスタイルの変更と，それらの活動に支えられた社会システムづくりとが求められているといえよう．

第1回〜第3回までの世界女性会議の成果を受けて，日本では「国内行動計画」「新国内行動計画」が制定されたが，そこでは「あらゆる分野への婦人の参加の推進」「男女共同参加型社会の形成」を目ざしてきた．第4回世界女性会議を目前にした1994年には，男女共同参画推進本部が設置され，「男女共同参画型社会」を提起した．この「参加」から「参画」への転換は，誰もが意思決定をも含めた主体的な関わりを行うことを志向している．すなわち，政策立案などを男性（あるいは女性）が行い，その決定に基づいて女性（あるいは男性）が「下働きをする」「手伝う」という構図ではなく，男女ともに，責任ある立場で政策立案にも実働にも関わるということを意味している．それは，誰もが主体的にそれぞれの活動に対等に関わることであり，そうした自立（自律）した個々人の対等な協力関係（共同）によって社会が形成されること，すなわち，個々人の自立を基盤とする共同が確立した社会の形成を意味している．

1999年に成立した「男女共同参画社会基本法」の基本目標「職場・家庭・地域における男女共同参画の確立」に沿っていえば，職場においては男女がともに管理的な仕事にもまたその実働にも関与することであり，家庭においては，男女がともに経済的責任と家事・育児責任の双方の責任を請け負うこと（天野寛子，1984）であり，地域においては，自治組織や行政組織の政策決定あるいはそのための活動（ボランティアも含む）に男女がともに主体的に関わることである．職場，家庭，地域での現代の課題はb項で明らかにする．

1995年の第4回世界女性会議では，エンパワーメント，パートナーシップがキーワードとなったが，それはまさに男女の自立と共同の枠組みを示している．

エンパワーメントとは力量を付けていくことであり，特に女性には社会的労働や政策決定における力量を育むことが求められた．しかし女性ばかりでなく，男性には家庭責任の遂行能力を身に付けることが求められよう．職場，家庭，地域で必要とされる能力とは，それぞれの領域において自立する能力であり，それをエンパワーメントするということは，自立した男女を育むことにつながる．

また，パートナーシップとは複数の者が協力関係を結ぶことであり，当初，政府（GO：governmental organization）と非政府機関（NGO：nongovernmental organization）との協力関係に力点が置かれた．しかし，その後展開されているさまざまなパートナーシップの活動は，必ずしも GO と NGO の協力関係にとどまらない．行政と行政の協力関係，市民と市民（高齢者，障害者，子どもなど）の協力関係，男と女の（夫と妻の）協力関係など，多様な層の人びととの協力関係による社会共同システムの構築が模索されている．

　なお，これまでの世界女性会議で示された NGO が表の論理を動かしていくシステムは，女性，障害者，高齢者，子どもなどの社会的弱者が，責任と主体性をもち，政府や企業との対等なパートナーと社会をつくっていく自立した生活者となったことを示した（大竹美登利，1998）．すなわち，世界女性会議で示されたパートナーシップには自立した主体者がその前提にあるといえよう．

(2) 社会の変化のなかで求められる男女の自立とその共同

　男女の固定化された役割分担を変革していくことは「女子差別撤廃条約」の基本的理念だが，それは社会変化のなかでも求められている．

　市場経済の発達は生活の多くの機能を家庭の外に持ち出し，家族を消費機能へ純化させたばかりでなく，消費機能をも外部化し，家庭の機能をいっそう縮小し，市場経済を肥大化させた．それに伴い雇用市場は増大し，今や女性労働を抜きにして市場経済は維持できない，女性が経済的役割をもつことを前提にした社会となっている．

　また市場経済の発達は生活基盤が経済力に支えられる社会を形成し，したがって，男女それぞれの経済的自立が生活の安定のための大きな課題となる（宮下美智子ほか，1991；御船美智子，1996；広渡清吾ほか，1998）．

　女性の社会的役割の変化は家庭内の役割の変化を誘発する．育児や介護といった家庭の福祉機能を女性の役割に押しとどめることができなくなった．

　一方，家族の変容はさまざまなところで明らかにされているが（日本家政学会編，1999；槇石多希子ほか，1998；宮村光重ほか編，1994），それらを単純化すれば，一つには小家族化をあげることができる．少数で安定的に家庭を支えるには，複数の足で立った個々人による協力関係の構築が求められる．すなわち，それぞれ経済的自立だけ，生活的自立だけをした男女がお互いに寄りかかりながら

営まれる生活よりも，それぞれの面で自立している男女によって支えられている生活の方がより安定する．すなわち小家族化は，多面的に自立した男女によってつくる共同の仕組みを家庭に求める．

さらに小家族化，家族機能の縮小化，固定的性役割の変化，未婚率や離婚率の増加，それに伴う家族の不安定さは，これらの機能をもはや私的家庭内のみにとどめておけないことを示している．家庭の外部に用意された機能への「依存」を前提とした男女の自立である．それは，家庭の外部に用意される「共同の枠組み」への「依存」（利用）でもある．さらにこの共同の枠組みのつくり手として，自立した男女が参画し（金平輝子，1993），自立と共同が不可分な形で重層的に形成されていく．

〔大竹美登利〕

b．男女の自立と共同参画をめぐる現状と課題

今や，国内外ともに男女平等社会へと歩み続けているが，わが国の家族，地域社会，労働環境，社会保障制度などにおいては，今もなお，男女の相互依存[1]を前提とした環境や制度になっている．それらの現状を把握し，問題点を整理し，その解決の道を探りたい．

(1) 家族のなかで

家族のあり方は近代社会成立後，政治，経済，法律，慣習，社会意識などの影響を受けながら変化しつつ今日に至っている．戦後のわが国において，男女の本質的平等に基づく「夫婦家族制」や個人の尊厳と男女平等の理念を規定した日本国憲法に基づく現行民法は，夫婦の同等の権利と義務を定め，男女平等という新しい理念のもとに家庭生活を営むことを保障した．しかし，現実の家庭生活における家族の関係には，女性に対する差別が深く刻み込まれている．その代表的な一つに「男は仕事，女は家事，育児，介護，看護」という男女の固定的役割分担がある．

家庭生活における性別役割分担は夫妻の生活時間の配分に端的に示される（伊藤セツほか編，1989；天野寛子ほか，1994；大竹美登利，1995，1997）．家事時間の推移をみると，男性は 12 分の増加，女性は 18 分の減少をみせ，国際的な男女平等の機運が，わが国の男女の性別役割分担意識をわずかながらも変革させたと考えられる．しかし，女性の場合，就業の有無に関わらず男性と比較にならな

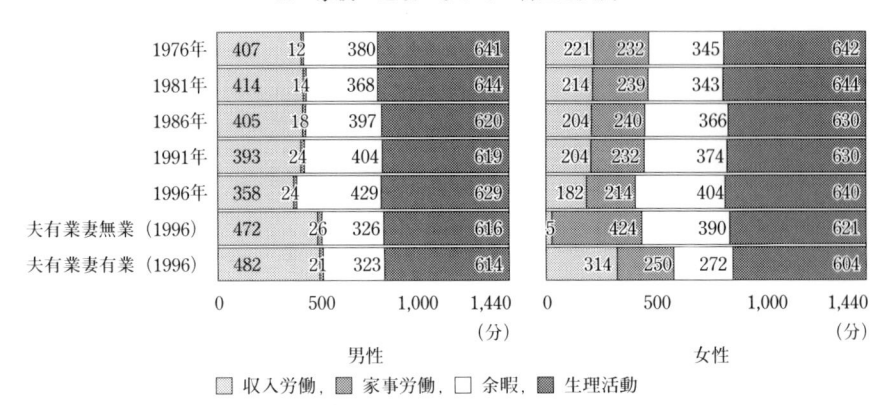

	男性					女性			
1976年	407	12	380	641		221	232	345	642
1981年	414	14	368	644		214	239	343	644
1986年	405	18	397	620		204	240	366	630
1991年	393	24	404	619		204	232	374	630
1996年	358	24	429	629		182	214	404	640
夫有業妻無業 (1996)	472	26	326	616	5	424		390	621
夫有業妻有業 (1996)	482	21	323	614	314	250		272	604

□ 収入労働, ▨ 家事労働, □ 余暇, ▨ 生理活動

図2.4 男女の生活時間配分の経年変化
(資料：総務庁『社会生活基本調査』より作成)

いほど家事時間が長く，男性の場合は妻の就業の有無に関わらずほとんど差はない．むしろ妻が無業の場合の方がわずかながら長い（図2.4参照）．

　これは，共働き夫婦であっても「家事は女性の仕事である」（経済企画庁，1992）という考え方や，「女性は仕事をもつのはよいが，家事・育児はきちんとすべきである」（総理府，1997）という考えに男女ともその割合が微増していること，また，未婚者よりも既婚者の方が，夫のみ就業家庭よりも共働き家庭の方が男女ともにその割合が高いことなどが反映していると考えられる．一方，65歳以上の家族の介護・看護の担い手をみても，どの年代も女性が8割以上を占めている．このように，性による分業という男女の関係は今も続いており，妻や女性の地位を必然的に従属的なものとし，社会的な活動を困難にしている．

　1996年の家庭経営学部会夏期セミナーでも検討されているように，家庭内で行われる家事，育児，介護，看護などの無償労働（アンペイドワーク）が男女間で著しく不平等に配分されていることは，女性の就業や社会参画を阻むとともに男性の生き方をも狭めている．「社会及び家庭における男子の伝統的な役割を女子の役割とともに変更することが男女の完全な平等達成に必要である……」と提示している「女子差別撤廃条約」や，日本国憲法第24条の「夫婦の同等の権利」「相互の協力」の理念にいかに近づけていくか．つまり，性による分業の変革が鋭く問われるのである．

(2) 地域社会のなかで

　男女が互いに個性を尊重し，自立した生活を営むためには，地域社会との関わりが欠かせない．地域社会を支える報酬を目的としない社会的活動は男女によってどのような差がみられるのだろうか．

　誰が，どの程度行っているのかを「平成3年社会生活基本調査」（総務庁，1991）にみると，男性と比べ女性，特に専業主婦が高い割合を示している．しかし，社会的活動時間はともに5分である．なお，活動経験の有無では男性の方が高いが，現在活動しているものの割合は50歳代の女性が最も高い（経済企画庁，1997a）．すなわち，社会的活動の参画状況は女性の方がやや高く出ているが，生活時間に占めるウエイトは男女ともに非常に少ない結果であった．

　一方，社会的活動の一つであるボランティアについてみると（総理府，1993），男女とも過半数が関心ありと答えているが，参加経験はともにその半数である．ボランティアに対しては学生層の割合が高く，青年女性の占める割合は男性を大きく上回っている．

　これらのことから，地域社会を支える社会的活動への参画は男性よりも女性の方が高いといえるが，積極的な活動は男女ともに少ない．しかし，期待する活動では男女ともに，「緊急事態が起きた時の対応」「一人暮らし老人のケア等の地域福祉」「防災，防水などの日常的な協力体制」などがあげられ（経済企画庁，1997b），日常生活における基礎的必要の充足の場，共同性，機能的連関性，地域問題に対する住民の組織体の発生など，地域社会のもつ社会生活の基礎的単位としての制度体および生活の保障の防衛体，抵抗の組織体への要求などがみられる．

　戦後，新憲法の施行をはじめ一連の法律改正により民主主義が全面開化し，個人主義を基調にした生活が志向された．このような生活志向により地域社会は家族の変化と同様，従来の「村」「町」の区分ではなく，都市を中核とし農村部をそのまわりに配置した広域地域社会としてとらえ，その相互依存性を高めた．

　個人の生活は家族，地域社会，全体社会に幾重にも取り巻かれており，それは各個人の生活や行動に関する価値や規範，基準の源泉であり，また相互に影響を与えている．個人の生活を構築できる自立と共同のネットワークが，少子高齢社会という21世紀の地域社会にとって重点課題といえる．

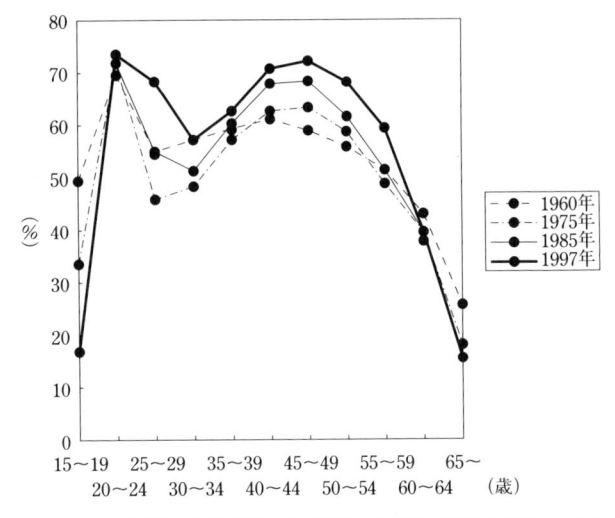

図2.5 年齢階級別女子労働力率（資料：総務庁「労働力調査」各年）

(3) 労働環境のなかで

1960年代以降，日本経済は本格的に高度成長期に入り，そのなかで，女性労働は拡大しつつ新しい展開をみせた．まず注目されるのが女性雇用者の増加である．第一次オイルショックの1973年までは増加を示していたが，その後，やや減少傾向となり高度経済成長に終わりを告げた．しかし，経済の低成長期に入ると，その労働力率は上昇に転じた．平均勤続年数も延長し，配偶者の割合も女性雇用者の過半数を占めるに至った．今や，働く女性は未・既婚を問わず着実に増加し，長期勤続者となっている．しかしながら，年齢階級別女性雇用者の比率をみると，依然として育児期にあたる年齢層において最も低く，わが国特有のM字カーブを描いている（図2.5参照）．

また，男女別離職理由（総務庁，1997）をみると，男性は「定年のため」が多く，「結婚・育児のため」は皆無であり，女性とは大きく異なる．一方，近年の特徴として，女性の場合「人員整理，会社解散・倒産のため」「労働条件が悪かったから」「家族の介護・看護のため」が男性を大きく上回っている．多くの女性が家庭内における性別役割分担を担っており，また，労働環境の悪化は男性よりも女性の方により強く影響する結果といえる．このように，女性は働く意欲をもちながらも現実には働き続ける環境がきびしく，職業中断・再雇用などを選択

せざるをえない状況にある．

わが国の女性雇用者に対する雇用管理の基本は，1960年代初頭まで未婚の若年女性を短期的なサイクルで回転させていくことであったが，経済成長期の労働力に対処するため，企業は従来の採用方針を変更した．その結果，女性の短時間雇用者が増加した．現在，女性雇用者中に占めるその割合は約36.0％で当時の4倍となり，有配偶者の中高年層で占められ，平均勤続年数も延長している．

女性が再就職型，非正規従業員就業型のライフコースを選択することはひとつのライフスタイルではあるが，良好な再就職の機会や条件の乏しさ，非正規従業員としての就業条件の悪さを考えると，女性労働者の職業意欲が高まりつつある現状からは，「継続就業型」「正規従業員就業型」が可能となる労働環境の見直しは当然といえる．男女雇用機会均等法の制定，労働基準法の見直し，さらに育児休業法の制定，その後，これらの法律改正[2]が行われたことやパートタイム労働法が制定されたことは，このような状況に対応するためのものであった．

(4) 社会保障制度のなかで

社会保険が被用者保険を中心に「家族単位」に形成されてきたことや雇用における女性の地位の低さ，さらに，家族共同生活や親族間の相互扶助的結びつきの維持・強化を求める政策などの点からみると，女性にとって社会保障制度は男性と比べると不利な点が少なくない．この点において，世界の動向はどのレベルにあるのだろうか．

ILOでは156号条約ならびに165号勧告において，すでに基本的な考え方を示しているが，1990年の理事会で「社会保障分野での男女平等待遇」を議題にし，OECD (1991) の専門家会議の勧告の中で明確に表された．そのなかでは，これまでの男女の性役割分担を基礎にした家族はもはや主流ではなく，これを前提とした雇用政策や家族政策，社会保障政策などは当然見直していかなければならないこと，また，女性が経済の担い手として社会に参画していくためには，これまでの社会システムを変えていかなければならないことなどが主張されている．

ILOの具体的提案の一つは，職場における男女の賃金格差の是正，二つめは女性が現実に家庭責任を負っているマイナス面を制度的に除去していく（例えば，育児期間中の所得の保障，育児期間中を年金の拠出期間として算定）と同時

に，女性が受けているプラスは男性にも保障する（例えば，休暇の取得の権利と所得保障，遺族保障の受給権など）という考え方が打ち出されている．一方，OECDの専門家会議においては，男女の職業と家庭の両立のための具体的行動指針として，「一人だけを生計維持者とする」ことを撤廃することが（「世帯主」[3]という概念の廃止）述べられている．

このように，国際的には経済単位としての家族を見直すという視点に立ち，税制や社会保障制度については「家族単位から個人単位へ」と転換すると同時に，諸個人のライフサイクルのなかで非市場活動に参加していく時期においてはそれらの労働に対して社会的な評価を与え，所得保障していくことが重要であると主張している．

(5) 新たな男女関係を育むために

男女の自立と共同に向けての新たな関係を育くむためには，教育・学習の担う役割は大きい．女性の人権が推進・擁護される社会を形成するために，「男女共同参画を推進し，多様な選択を可能にする教育・学習の充実」を教育・学習施策の柱とし，家庭，学校，地域など社会のあらゆる分野において，固定的な性別役割分担意識を是正し，男女平等を推進する教育・学習は欠くことができない．

社会は教育を規定するが，教育は社会のあり方を変えていく力となる．固定的な性別役割分担を見直していくことは，生活問題・課題を解決していく力となり，男女ともに，仕事も家庭もゆとりをもって生きていくことができるであろう．いわゆる生活主体の育成が求められる．と同時に，生活主体を確固たるものとしていくためには，男女ともに職場，家庭，地域のあらゆる分野に参画できるようにしなければならない．

職場で男女平等の点から問題となる法律や制度，世帯原理を基礎として組み立てられている税制・社会保険制度など，伝統的家族を前提とした雇用政策や家族政策，社会保障政策などを見直していかなければならないことはいうまでもない．

21世紀は新たな男女の関係が育まれる時代となり，そのための条件整備は山積している．

注

1) ここでいう相互依存とは，1.1 節で述べた「依存」とは異なり，私的家庭内にとどまる，自立を前提としないもたれ合い構造の依存関係をさす．

2) 女子差別撤廃条約の批准に向けて制定した法律の見直しである．「男女雇用機会均等法」は雇用の分野における男女の均等な機会および待遇の確保を確固たるものとするため，1999 年 4 月より法律の目的や基本理念が改正され，それに伴って，趣旨・内容の変更が行われた．「労働基準法」は女性の職域の拡大を図り，男女の均等な取り扱いをいっそう促進する観点から女子保護規定の全面廃止（1999 年 4 月施行），母性保護の充実（1998 年 4 月施行）となった．「育児・介護休業法」は家族の介護問題は育児とともに労働者の仕事を継続していくうえで大きな問題となることから，1992 年 4 月施行の育児休業法に介護休業を盛り込んだ法律が 1995 年に施行された．その後，1997 年の改正により，育児や介護を行う労働者の深夜業を制限する制度が新設され，1999 年 4 月より施行された．

3) 1956 年に制定された住民登録法により，「世帯単位」で 1 枚の住民票を作成するとされ，1967 年に住民基本台帳法が制定された．その住民登録上の世帯の長として，「世帯主」という言葉が生き残った．法律上の定義はないが，住民票上の世帯主がほとんどの場合，夫（男）となっている実態から，夫＝主宰する者，代表する者，主たる生計の維持者であるという「家」制度の名残りを普遍化してきた．また，生活経営学部会では世帯主概念の問題点について検討してきた． （永原朗子）

文　　献

天野寛子，1984，「夫と妻の行動様式」，伊藤セツほか『生活時間—男女平等の家庭生活へのアプローチ—』光生館

天野寛子ほか，1994，『生活時間と生活文化』光生館

伊藤セツ・天野寛子編著，1989，『生活時間と生活様式』光生館

OECD，1991，「女性と構造変化に関する専門家グループ報告書」

大竹美登利，1995，「各国の生活時間構造に見るジェンダー・エクィティ」，『家庭経営学研究』No. 30

大竹美登利，1997，『大都市雇用労働者夫妻の生活時間にみる男女平等』近代文藝社

大竹美登利，1998，「消費生活」，『アエラムック　生活科学がわかる』朝日新聞社

金平輝子，1993，『男女協働社会の創造—21 世紀の地方自治戦略—』ぎょうせい

経済企画庁，1992，『平成 4 年度　国民生活選好度調査』

経済企画庁，1997 a，『平成 5 年度　家庭と社会に関する意識と実態調査報告書』

経済企画庁，1997 b，『個人から見た市民活動に関する調査』

総務庁，1991，『平成 3 年　社会生活基本調査』

総務庁，1996，『平成 8 年　社会生活基本調査』

総務庁, 1997, 『就業構造基本調査』
総理府, 1993, 『生涯学習とボランティア活動に関する世論調査』
総理府, 1997, 『男女共同参画社会に関する世論調査』
日本家政学会編, 1999, 『変動する家族――子ども・ジェンダー・高齢者――』建帛社
日本家政学会家庭経営学部会, 1997, 『家庭経営学研究』No. 32
広渡清吾・御船美智子・上村協子, 1998, 『財産・共同性・ジェンダー――女性と財産に関する研究――』東京女性財団
槙石多希子・水島かな江・赤星礼子・久保桂子・佐藤宏子, 1998, 『変化する社会と家族』建帛社
御船美智子, 1996, 「生活経済とジェンダー関係の変容」, 『家庭経営学研究』No. 31
宮下美智子・室住真麻子, 1991, 「男女共同社会と家庭経営学」, 『家庭経営学研究』No. 26
宮村光重・倉野精三編, 1994, 『家族の変化と生活経済』朝倉書店

コラム4

アンペイドワーク

アンペイドワーク (unpaid work) は，無償労働，無報酬労働と訳され，賃金や報酬が正当に支払われない労働や活動をさす．国連の第4回世界女性会議（1995年）「行動綱領」では，unremunerated という語が用いられており，その内容は次の二点に整理できる．すなわち女性は，①農業や食料生産または家族企業において市場向けと世帯向けの消費物資やサービスの生産に参加しているが，過小評価され記録不足であること，②子どもや高齢者の世話，家族のための食事の準備，環境保護，弱く恵まれない個人やグループに対して自発的に援助するような，無報酬の家事労働と地域社会の労働の大部分を担っているが，しばしば量的に測定されず，経済的に評価されていないことである．

無報酬労働はジェンダーに深く関わる問題であり，その経済的貢献や女性と男性の不平等な分布を目に見えるようにするための試みは，ドイツ連邦統計局の試案（1992年），INSTRAW（女性の地位向上のための国際調査訓練研究所）『支払われない貢献の測定と評価』（1995年），国連人間開発報告『ジェンダーと人間開発』（1995年），国連『世界の女性 1995――その実態と統計――』をはじめ，地球規模で関心が高まってきている．

無報酬労働の測定では生活時間調査が重要な意味をもつが，そこでは無報酬労働の定義，種類，範囲などの共通認識に基づいた行動時間分類が必要となる．家事労働の貨幣換算の試算もみられるが，使用する時間データの問題だけでなく，機会費用法，代替費用法いずれにせよ，換算基礎となる賃金自体のジェンダー差の問題や結果をどう評価するかなど課題は大きい．

〔天野晴子〕

（参考）伊藤セツ, 1997, 「無報酬労働の概念――家庭経営学からの発信――」, 『生活経営学研究』No. 32, pp. 3-10
古田睦美, 1996, 「アンペイド・ワーク概念とその評価に関するフェミニズム視点からの検討」『女性労働研究』No. 30, pp. 66-72

3. 福祉における産業化と市民化

3.1 保育所と企業ベビーシッティングサービス

　生活自立支援の産業化という側面を，子育ての側面でみたとき，企業ベビーシッティングがその典型としてとらえられる．また，行政の責任で運営している保育施設の典型が，公立あるいは社会福祉法人立の認可保育所といえる．

　そこで，この二つを比較検討することを通して，生活者の自立と共同を促す社会資源[1]のあり方について考えるのが本節のねらいである．

a．今日の多様な子育て自立支援形態における両者の位置

　本題にふれる前に，今日1999年度現在どんな子育ての自立支援形態があるかについて概観しておきたい．

　子育ての自立支援形態は，運営形態と保育内容・方法の形態によって区分される．運営形態は大きく非営利と営利に二分され，両者を内容・方法上の形態とクロスすると，表3.1のように8通りに分類できる．

　これらの，対極的な位置にあるのが，左上の公的（公立および社会福祉法人立認可）「保育所」と右下の「企業ベビーシッティング」に当たる．

　次にそれぞれのシステムの登場の状況から二つを比較検討してみよう．公的保育所と企業ベビーシッティングの誕生と，制度的推移の両者の違いをみていく．

表3.1 子育ての自立支援形態

運営 内容・方法	非営利			営利
	公立・社会福祉法人立認可	住民の協同・職場厚生	官・民連携	個人・会社
集団保育・継続的 場所＝独立空間	保育所（園）	共同保育所 職場保育所	法人・駅型保育	○○園、ベビーホテル、企業経営駅型保育
継続的・半継続的 小集団あるいは1対1 場所＝保育者の自宅あるいは事業所の保育室	・保育ママ制度 ・預かり保育（幼稚園） ・労働省管轄ファミリーサポートシステム（実施事務局＝市町村）	助け合いコープ 自主グループ		企業による保育室
登録制・市民に開放 場所＝独立空間	出会いの場（例、武蔵野市立「0123吉祥寺」＝公立の子育て広場）	助け合いコープ 自主グループ	パークセンター（例、札幌・むくどり）	デパートなど買物中の保育および親子の短時間の溜り場
1対1・非継続的 場所＝子どもの自宅など（単発的）	ホームヘルパー（障害児対象）	助け合いコープ 自主グループ	社会福祉協議会所管のホームヘルパー（障害児対象）	企業ホームヘルパー、企業ベビーシッティング

b. 保育所の誕生と制度的推移

(1) 児童福祉法の成立

　児童福祉法は戦後，新憲法のもとに，1947年12月第一国会に上程され1948年に施行されたが，要保護児童のほか一般普通児童をも法の対象として，助産施設，母子寮，保育所，児童遊園，児童館などを児童厚生施設として制度化した．

　そのなかで，保育所についてはその法的規定を第39条に，また，入所の規定を第24条に定めている．すなわち，第39条の1項においては「保育所は，日日保護者の委託を受けて，保育に欠けるその乳児または幼児を保育することを目的とする」とある．2項には，特に必要があるときは乳幼児以外の児童を対象にすることができるとしている．そして，第24条においては，「市町村（長[2]）は，―中略―保護者の労働または疾病等の事由により，その監護すべき乳児，幼児，またはその他の児童（第39条2項）の保育に欠けるところがあると認めるときは，それらの児童を保育所に入所させて保育する<u>措置を採らなければならない</u>．ただし，付近に保育所がない等やむを得ない事由があるときは，その他の適切な保護を加えなければならない」（下線筆者）．

　このように，ここには市町村の管轄のうちにおける乳幼児等の保育への責任が明記されていた．また，その性格としては，当時の児童福祉法第7条に規定され

ている他の児童福祉施設と異なり，保護者の就業保護という社会政策面と児童の保育（保健と発達）の保障という教育政策面の両面に関わっている点に注目できる（浦辺 史ほか，1981）．

こうした面をみると，家庭で日中も監護することを当然とし，保護者の事情でそれができない，すなわち「保育に欠ける」場合にのみという条件が付いているという消極面はあるものの，児童福祉法に位置づいた保育制度は画期的な意味があったといえる．この点は諸外国と比してみても，日本の福祉制度の先進的な側面として評価されてきた．

措置制度とは「主として福祉関係法規に基づき，国または地方公共団体（行政機関）が一定の福祉サービスを公的責任で義務として行い，その費用についても，扶養義務者等から徴収する額を除いて公的負担を行う社会的仕組み」（鈴木政治郎，1997，p.42）といえる．

(2) 矛盾（「保育7原則」にみる）を抱えつつ措置制度の定着

1960年代から1970年代にかけては，母こそ保育の適格者でかつ責任を担うものという考え方と家庭責任による自助の視点をもつ通称「保育7原則」（中央児童福祉審議会，1963，「保育問題をこう考える」）が出されるなど（金田利子，1997，p.104），さまざまな矛盾を抱えつつも厚生省の保育所整備計画も実施に移され，保育所増設も進み，措置制度は定着していった．しかし，1973年のオイルショックを契機とした低成長期に入り，「受益者負担の強化，公的保育予算の抑制，行政の守備範囲の限定，減量経営の導入など」の視点からの「福祉見直し論」が主張され始めた．それと呼応し1970年代後半には「日本型福祉社会論」が登場した．

(3) 「日本型福祉社会論」から「エンゼルプラン」まで

「日本型福祉社会論」とは，「家庭や近隣，職場などにおいて連帯と相互扶助」による「家庭基盤充実」政策と「民間活力」を基本とした「活力ある福祉社会」のことをさすが，「日本型」といわれるのは，明治国家以来家族主義的に国民の心情を形成しつつ，それに依拠して，家族を基盤に統治してきたという，従来の日本の統治方法を復活してきているからであろう．

保育所政策に関しては，保育所抑制政策が進行し，「女性よ家庭に帰れ」的な視点に立ち，「乳児保育は育児放棄の道具」という論調まで出されて「家庭保育

への誘導」という側面が強化されるようになっていった.

この制度改革は,その前提には,少子化による保育所利用者の漸減や高齢化への対応,保護者の保育ニーズの多様化などがあるが,その戦略としては,当時の制度内の見直しと同時に措置制度それ自体の解体・見直しという方向をもち,児童福祉法の改訂 (1998) への先導としての役割も担っていたものと思われる.

しかし,この「家庭保育への誘導」をもとにした保育所抑制政策は破綻した.それは,第一には,「家庭で女性に育児を」という方針は実態に合わなくなったこと,第二には,同時に「女子に関するあらゆる差別の撤廃条約 (女子差別撤廃条約)」が批准され (1979 年国連採択, 1985 年日本政府批准), 国際的潮流としても男女共同参画社会の方向が打ち出され, 1989 年の子どもの権利条約 (1994 年批准) ともあいまって,男女両性による仕事と子育ての両立の促進とその支援を政策として位置づけざるをえなくなってきたこと,そして,第三に 1.57 ショックといわれる少子化の進行への危機意識から,仕事と子育ての両立を労働力政策としてもその促進を余儀なくされてきたことがあげられる. 政府は, しかし, 一方では, 福祉に関する「従来の法的財政的枠組み」を見直し, 保育所政策でいえば「措置入所から契約入所への転換」についての準備も同時並行的に進めようとしてきている. こうした考えを統合して打ち出されたのが, 民間活力の導入を中心とし, 4 省 (文部・厚生・労働・建設) 合同で 1994 年に作成したエンゼルプランだといえよう. これには, 重点施策として, 駅型保育や在宅保育サービスなどがあげられている.

(4) 児童福祉法の「改正」

具体的な措置制度の見直しには,児童福祉法の「改正」が必要になる. 厚生省は, その論点として, 産休明け・育休明けなど年度途中からの入所や時間延長保育など保育所の利用しにくい状況があるのは, 保育所措置制度が問題で「画一化・硬直化」していることにあるとしている. また, 措置入所の場合「親が保育所を選択する仕組み」になっていないので,「利用者が選択できる契約システム」に改めるとしている. しかし, こうした制度面の研究からも, それらは, いずれも運用上の問題であり, 措置制度の問題とはいえず, むしろ, 問題はこの運営を方向づける最低基準が制定後 50 年間保母 (1998 年度からは保育士) 配置基準が若干改善されたものの, 保育時間・人的配置基準ともに抜本的には改善されてい

ないところに問題があるということが明らかにされてきている．

実際には，こうした視点からの問題にもかかわらず「社会福祉基礎構造改革」の一環として，1998年より，児童福祉法が改訂され，保育所への入所は措置制度から契約制度へと改訂（児童福祉法第24条）された．

しかし，実際には「改正」後も，「市町村は，…保育に欠けるところがある場合において，保護者から申し込みがあったときは，それらの児童を保育所において保育しなければならない」と定め，「措置」という用語ははずされたが，保育の公的責任義務はこれまでの措置制度と同じになっている．また，法律に「保護者からの申し込み」という文言が明記されたことで，あいまいにされていた親の入所申請権が法律的にはっきりしてきたという面がある．文面だけをみるとそうした利点があるが，以下に述べる付加サービスの自主事業化などをみると，措置制度の解消を引き金に社会福祉基礎構造改革とかかわって，市場原理導入への方向を強化するのではないかという危惧ももたれている．

保育の実際において問題なのは，児童福祉法の「改正」そのものよりも，最低基準が抜本的に改善されていない点にある．1998年の改正において，ゼロ歳児の保育士配置が乳児6人に1人から3人に1人になった点や，保育所での保育者の名称が，性別を示す名称をかえて「保母」から「保育士」に変わった点のほかには発展がみられない．たとえば，改正児童福祉法で，保育所に育児相談機能を付加しているが，それにともなう改善がなされていない．また，最低基準の弾力的運用として，調理員の必置条件を規制緩和や，従来は"常勤「保母」"を原則としていたのに，これを8割以上とし残りは短時間勤務「保母」で対応してよいという"短時間勤務「保母」の導入"が持ち込まれ，保育士の努力や工夫にも限界があり，保育の質の低下につながるのではないかという問題がみられる．

また，改正児童福祉法の24条においても先に述べたように，保育に欠ける子どもの保育責任が市町村にあると，規定しているにもかかわらず，延長保育を「付加的サービス」として「自主事業化」し，国や自治体の責任を縮小している点にも問題がある．（参考：村山，2000）

以上の経過のように，保育所は，戦後比較的早く公布された児童福祉法（1948年施行）に位置づいてきた．その政策は保育所を増加した時期や財政上からの抑制政策が，その理由を女子育児天職におき，「家庭基盤充実」論をもとに出され

た時期，そして，少子化への対応として育児支援政策（エンゼルプラン）を打ち出しつつ財政的には市場原理を導入してすすめる方向がめざされてきた．児童福祉法が「改正」され，措置制度は解体され，上記のような保育条件上の問題は残されており，市場原理導入への動きもみられるが，児童福祉法における市町村の保育責任は改正児童福祉法にも明記されている．

したがって，保育所は，現在も前記の表3.1において，「公的・集団的」の位置にくる．

c．企業ベビーシッティングの誕生・経緯と実態
(1) ベビーシッター業の登場

保育所の延長保育があまり普及されていない頃，労働形態や労働時間から保育所だけでは間に合わない状況にある親たちは，私的に何らかの形の二重保育を余儀なくされていた．就業の状況などから保育要求が多様化するなかで，この問題はますます深刻になってきていた．そうした頃，この需要に着眼して企業としてのベビーシッター業が開始され始めた．東京23区内・大阪市・浦和市などにある主要8社の開始年度をみると，1970年代に4社（1972年に2社，1974年に1社，1979年に1社）が，また，1980年代にも4社（1982年に2社，1986年に1社，1987年に1社）となっている．

ベビーシッターの特徴は，1対1で，子どもが日々寝起きしている当人の自宅を拠点とした保育だという点にある．しかし，実際，公的に個人的な保育をする制度は，当時は家庭福祉員（通称保育ママ）制度だけしかなく，1994年度から，労働省管轄のファミリーサポートセンター制度が開始されたにすぎない．この場合は，どちらも，当人の居宅ではなく，保育者の自宅での保育が中心になっている．また前者は1対1ではなく，ごくごく小規模保育所のようにほぼ3人の乳幼児をひとりの保育ママが保育するというものである．公的な，あるいは半官半民のホームヘルパーは，当人の居宅での保育であるが，高齢者や障害児・者が対象で，一般の夕方などの保育は対象外になっている．

このようななかで，その需要に応えてきたのがベビーシッターであり，20年以上前から始められ，10年前頃からいっそう普及してきたというのが実状である．ベビーシッター協会も結成してさまざまな問題解決に当たってきている．し

かし，正式には専門職として認められておらず，一時期浮上した資格認定制度についても保留のままになっている．

(2) 「良い企業」とは

専門職として認められてこなかったのはなぜか．企業とはいえ，働く両親の立場に立って良心的にこの仕事をやっていきたいと考えている，あるベビーシッター会社の社長（鎌田妙子，1999）は，インタビューにおいてこの点について次のように分析している．

「アメリカやヨーロッパのように，諸国のベビーシッターの歴史と違い，日本の場合は確固たる定義がないままに普及し始めた．むしろ事業を行う上で何の規制もないところに企業が単なるビジネスとして取り組み始めたところにこの問題が発生している」．

また，その他，ベビーシッターの現状についてのインタビューに対しては，次のように応えていた．「現実には，ただ単に保育所が延長をしてくれないから仕方なくベビーシッターを利用しようという需要ばかりではなく，ある時間帯を過ぎたら，保育所ではなく，自分の家で過ごさせたい，そのために，親に代わって迎えに行って家まで連れて帰って可愛がって世話をしてくれるシッターを探そうという需要もある．前者の場合には当然なるべく安い料金のところを第一に考えるだろうし，後者の場合には自分たちが信頼できるシッターをという条件を第一に置くであろう」そして，会社の仕事と質については「実際に世話するのは，それぞれのシッターであるわけだが，万が一に備えてそれらのスタッフの管理や教育をしていくのが会社である．俗にいう良い企業と悪い企業とは，日本における親・子が必要としているベビーシッターの役割を真にとらえて適切なサービスを提供しているかどうかであると思われる」と．そして，最後に自身の願いとして「保育所の保育と個別保育・在宅保育の両方をつぶさにみつめてきた私は，それぞれの保育の意義・定義を踏まえた上で，双方の連携の必要性を伝えたい」

以上のように，現在のところ，1対1の在宅保育というシステムは，公的あるいは半官半民のものはなく，生協などでの助け合いの自主グループによるものか，あるいは企業によるベビーシッターを活用するしかない．

そこで，先の表においては，企業・ベビーシッターを「企業・1対1」ということから，「公的・集団」という保育所と対極の位置に置いた．

3. 福祉における産業化と市民化

表3.2 ベビーシッター主要8社の料金比較

社名 (所在地)		A社 (東京都)	B社 (東京都)	C社 (大阪府)	D社 (大阪府)	E社 (埼玉県)	F社 (東京都)	G社 (東京都)	H社 (東京都)
開業時期		1982年6月	1972年1月	1974年4月	1979年6月	1982年9月	1972年5月	1987年3月	1986年4月
営業エリア		首都圏	首都圏	全国	近畿	首都圏	首都圏	全国	全国
会員料金 入会金/年会費		20,000円 /5,000円	10,000円 /10,000円	—	10,000円 /10,000円	10,000円 /5,000円	—	50,000円 /10,000円	— /25,000円
基本料金 (利用時間)		5,400円 (3時間)	4,200円 (3時間)	2,700円 (2時間)	4,500円 (3時間)	4,800円 (3時間)	3,900円 (3時間)	4,800~7,500円 (3時間)	3,400円 (2時間)
延長料金		1,800円	1,200円	1,100円	1,500円	1,600円	1,300円	1,600~2,500円	1,700円
追加人数		900円	600円	300~400円	600円	800円	650~1,000円	800~1,250円	850円
割増料金	日祝日	○	○	○	○	○	○	○	○
	夜間	540円 (18時~9時)	400~600円 (17時~9時)	400円 (20時~8時)	400~500円 (18時~9時)	400~600円 (17時~9時)	300~700円 (19時~9時)	400円 (19時~9時)	300~700円 (18時~9時)
	当日受付	○	○	100円	2,000円(1回)	○	○	2,000円(1回)	○
別途料金	出産直後	63,000円 (25時間)	70,000円 (28時間)	1,500円 (1時間)	2,000円 (1時間)	1,800円 (1時間)	2,000円 (1時間)	9,000円 (3時間)	3,000円 (1時間)
	病後児	○	○	1,500円 (1時間)	○	○	○	○	○
	障害児	○	1,600円 (1時間)	1,500円 (1時間)	○	○	○	2,500円~ (1人1時間)	○
	シッターチェンジ	7,500~20,000円 (2時間)	—	3,000~4,000円 (1時間)	—	—	—	2,600~3,500円 (1時間)	—
	宿泊	○	○	○	○	13,000~14,000円 (8時間)	16,000円 (12時間)	10,000円 (12時間)	15,000円 (8時間)
	入浴	○	1,300円 (1回/1人)	1,000円 (1回/1人)	○	○	○	1,000円 (1回/1人)	○
継続利用割引		—	—	有り	有り	—	—	有り	有り
シッター登録数		520人	380人	3,600人	1,500人	100人	600人	3,800人	1,000人
有資格者 保母等		200人	250人	1,800人	850人	90人	490人	2,800人	800人
教諭等		—	—	200人	—	—	—	270人	100人
看護婦等		20人	—	100人	—	—	30人	50人	100人

(日経流通新聞, 1996年3月2日より作成)

表3.2は，主要8社の料金や保育士などの有資格者数などを示したものである．

d. 保育内容・方法の面からみた両者の違いと生活戦略
(1) 保育所保育とは

内容・方法的にみたとき，保育所は日中を中心に集団で過ごす場であり，養護面とともに教育の側面をもっている．そして「集団のなかでこそ自分らしくなれる」という視点から，保育者が集団のなかでの遊びや他の諸活動を通して人間形成を行う場になっている．

質については，保育所保育指針があることと，公的にも一定の研修が義務化されていること，保育士の資格のある保育者が一定数は必要という認可基準があること，また，現在は措置時代と大きく変わらない形で経費が保障されていることから監査があること，等々によって，一定のレベルが保たれていると考えられる．

また，保護者は，サービスの購買者でも単なる利用者でもなく，保育者とともに保育を創造していく保育の主体者であり，共同者である．保護者会のあるところでは，親同士の集団があり，その要求をまとめて，保育の運営に生かしたり，保育者と共同して外部にも働きかけていく．そうした取り組みのなかで親同士が交流を深め地域とも関わり，子育ての連帯の主役になる．

保育料は，所得に応じて異なるが，市町村の規定によって保育所にではなく，公的機関に納められる．したがって，保護者の納入する経費が即保育の良し悪しに還元されるわけではない．

問題は，延長・夜間保育や休日保育がない場合，また，ある場合でも，夜遅く連れて帰るのでなく自宅で夜を過ごさせたい場合や両親が出張や弟妹の出産で母が入院中で父の仕事が長引いていたりした場合，乳児院の一時預かりもあろうが安心できる自宅で過ごさせたいとき，公的な保育では不十分だという点である．

(2) ベビーシッターシステムによる保育

この場合に登場してくるのが，ベビーシッターシステムである．助け合いコープのような場がある場合には，互いに組合員という安心感はあるが，希望の時間通りに依頼できるかどうかわからないし，地域によってはそのような取り組みのなされてないところがある．そういうときに，出番となるのが企業によるベビーシッターである（図3.1参照）．

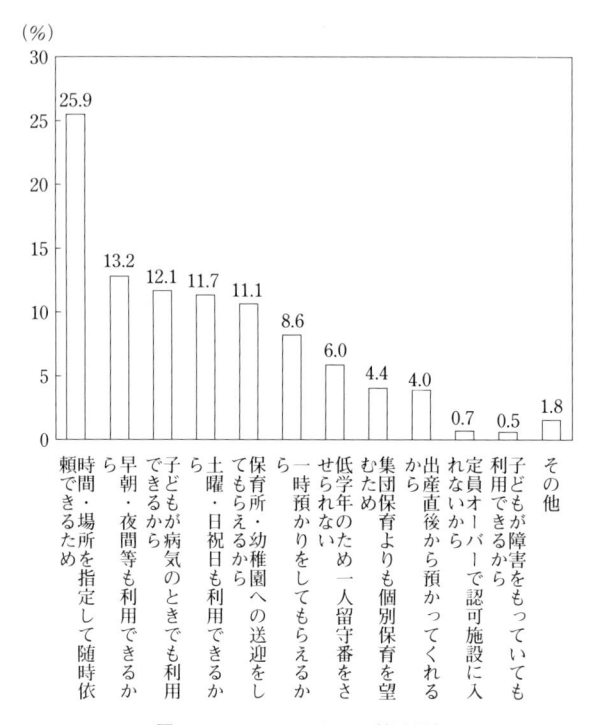

図3.1 ベビーシッターの利用理由
(資料:(社)全国ベビーシッター協会「平成8年度 実態調査報告書」)

- 時間・場所を指定して随時依頼できるため 25.9
- 早朝・夜間等も利用できるから 13.2
- 子どもが病気のときでも利用できるから 12.1
- 土曜・日祝日も利用できるから 11.7
- 保育所・幼稚園への送迎をしてもらえるから 11.1
- 一時預かりをしてもらえるから 8.6
- 低学年のため一人留守番をさせられないから 6.0
- 集団保育よりも個別保育を望むため 4.4
- 出産直後から預かってくれるから 4.0
- 利用できるから子どもが障害をもっていても 0.7
- 定員オーバーで認可施設に入れないから 0.5
- その他 1.8

内容的にみると，実にさまざまな仕事をしているが，大まかに次の9点ほどにまとめられる（鎌田，1999）．

①保育所の「お迎え」およびその後の保育，②病後児保育，③育児疲れの母親の育児援助・家事援助，④冠婚葬祭時の子どもの世話，⑤塾などの送迎，⑥会社の福利厚生として開催される家族ぐるみのパーティーなどの一時保育，⑦保育所の時間外保育の手伝い，⑧親の病気・入院時の子どもの世話，⑨講演会，PTAの集まりなどの際の託児など．

ここで問題になるのは，一つは，先の表3.2にあるように，利用者にとっては経費がかかりすぎること，二つには，質をどう保障していくか（保育者の資格の点や保育内容の点で），三つには，継続性（一定の保育者との関係）をどう保つかという点があげられる．

これらは，すべて公的な関与が一切ないところからきていると思われる．

費用についていうなら，料金として考えれば，「企業とはいえ，ものを扱う流通業とは異なり，人の命をあずかることからすれば当然」といえるかもしれない．しかし，何の補助もなければ，高収入の人しか利用できないことになる．会社に公的な関与をしつつ助成金を出すのか，利用者の方に出すのかの検討が必要になるが，何らかの手立ては必要になろう．

そして，内容についても，社会的に認知するのであれば，何らかのチェックが必要なのではないか，そのうえで，継続性など親が単に「消費者」としてではなく，生活者の権利として発言していける道を開いていく必要があろう．

(3) 生活者主体の保育

生活者の戦略としては，生活者住民が主体となり，保育所に代表されるような公的なところを守り発展させつつ，企業には，必要な部分で活用しつつ，地域の一機関として子育て事業にともに取り組む姿勢を要求し，公的機関との連携をはかり住民主導の住みよい地域づくりのなかで，多様な主体が協力し合っていく道を切り開いていくことではないだろうか．

ここでは，保育所と企業ベビーシッティングを対比的にとらえて取り上げたが，表3.1にみるような多様化した取り組みもこの方向のなかにみな位置づくことができるのではないかと思われる．

(金田利子)

注

[1] 筆者は，サービスという概念を自立のための手段として利用する援助に限って使うことにする．相互援助，さらには，自己の要求として，その活動のなかで相互に学び合う共同活動は，それ自体目的でもあり，手段としてのサービスという言葉になじまないととらえるからである．

[2] 1987年に団体委任事務化の導入により「長」が削除された．

文献

上野谷加代子，1999，「多様な主体で福祉社会を創る時代へ」岩田正美・上野谷加代子・藤村正之，『社会福祉入門』有斐閣

浦辺　史，1981，「戦後改革と保育」浦辺　史・宍戸健夫・村山祐一編『保育の歴史』青木書店

金田利子，1997，「日本における『母性神話』の動向」日本保育学会編『わが国における保育の課題と展望』世界文化社

鎌田妙子，1999，筆者が直接，ティ・エル・シー／ポプリ社長の鎌田氏にインタビューを行った．

厚生省監修，1998，『厚生白書 平成10年版―少子社会を考える―』ぎょうせい
鈴木政治郎，1997，「措置制度の形成とその意義」日本保育学会編前掲書
ミネルヴァ書房編集部編，『社会福祉小六法』1999年版
村山祐一，2000，「最低基準の引き上げが今，なぜ必要なのか」『季刊保育問題研究』No. 184, pp. 106-129

3.2 高齢者介護の自助・共助・公助

21世紀に入ると，高齢化率（総人口に占める65歳以上の人口の割合）は2割に近づき，まもなくその値を突破するとみられる．世界一の超高齢国日本は，このための速やかな対応を余儀なくされている．高齢者福祉についての公的な枠組みは，1962年の中央福祉審議会での「老人施設施策の推進に関する意見」を受けた「老人福祉法」(1963年)，「老人保健法」(1982年) の制定によって形づくられたといえる．ただ，当初の老人福祉施策は，特別養護老人ホームなどの「施設」偏重であり，保健施策の推進は，急速な高齢化の予測のもとでの医療費対策というねらいをもつとともに，ホームヘルプサービスなど「介護」という人的サービスへのニーズが高まりつつある時期でもあった．

高齢者介護・支援問題の新たな展開は，1989年の「高齢者保健福祉推進十カ年戦略（ゴールドプラン）」の策定を契機にしている．「高齢者が住み慣れた地域で安心して暮らせるような老人保健福祉サービスの供給」を目標とするこのプランを受け，すべての市町村，都道府県が老人保健福祉計画を作成することになった．しかし，やがて増大するニーズを考え合わせると，ゴールドプランでのサービス供給量は全体として大幅に不足していることが判明したため，特に「在宅」のサービスに力点をおいてプランの根本的な見直しが進められた．これが1994年に策定された「新ゴールドプラン」である．新ゴールドプランに示された福祉プランは，1996年11月の臨時国会に提出され1997年12月に成立した「介護保険法」に発展的に移行・吸収されている．同法に基づく，いわゆる「介護保険制度」は2000年4月にスタートし，介護を中心とした高齢者支援の社会基盤が整備されることになる．

同法は，介護に伴うコストとリスクを，社会保険という方式でカバーするもの

であると同時に，サービス供給体制のあり方を，①サービス供給者間での競争原理の浸透，②サービス供給の絶対量の拡大と質の向上，という側面から見直すものとされている．また，介護保険時代のサービス供給基盤として，公的部門（地方自治体など），民間非営利部門（社会福祉法人，社会福祉協議会，NPO法人など），民間営利部門（民間企業，個人事業主など），あるいは民間のボランティアなどからなる「多元的福祉提供システム」の実現が目ざされている．本節では，介護保険制度の背景，概要，変化するサービス提供基盤，予想される課題について述べる．

a．介護問題は高齢社会の最大の課題

　介護保険法の大きな特徴の一つは，介護の仕組みを，本人の自立支援を基本に置きながら，社会の共同連帯で，「家族介護から社会介護」へ組み換えようというものである．それは，介護への大きな不安や，実際の家庭介護において疲弊する家族の要望に応えようというものであった．高齢者介護に関するいくつかの実態をみてみよう．

　① 本格的な高齢社会の到来で介護を必要とする人は急速に増加し，その程度も重度化・長期化する．高齢者人口が1,800万人（1994年）から3,200万人（2025年）へと増加するのに対して，要介護者数は200万人（1993年）から520万人（2025年）へと増加する（厚生省『厚生白書 平成10年版』）．また，65歳以上の死亡者の2人に1人が死亡6カ月前から寝たきり，または虚弱となっている．寝たきりの人の2人に1人が3年以上寝たきりとなっている（厚生省『国民生活基礎調査 平成10年』）．

　② 家族形態および機能などの変化で家庭の介護力は弱体化している．高齢者とその子供との同居率が低下している．女性の社会進出が進み，女性の就労率は増加している．また，家庭で介護する人の38.3%以上が65歳以上であり，84.4%は女性である（厚生省『国民生活基礎調査 平成10年』）．

　③ 介護は家族に過重な負担を強いている．家庭の介護者は，要介護者に「憎しみを感じたことがある（3人に1人）」「虐待したことがある（2人に1人）」「精神的疲労を感じたことがある（2人に1人）」（日本労働組合総連合会『「要介護者を抱える家族の実態」に関する調査』1994年）と答えている．

老後を安心して生活できるような収入の保障	48.6
介護サービスが必要な時に利用できる体制の整備	42.6
高齢者の体が不自由になっても生活できる住宅の整備	27.2
高齢者の外出・利用に配慮した移動手段・公共交通の整備を含む高齢者に配慮した街づくりの推進	23.9
高齢者の各種相談について身近に対応してくれる相談体制の整備	22.5

図 3.2 高齢者対策の重点項目（単位：％）
（資料：総務庁『高齢者の日常生活に関する意識調査 平成 10 年度』）

④ 高齢期の主な不安は，2 人に 1 人が，「自分や配偶者が寝たきりや痴呆で介護が必要になったときのこと」と答えているなど，国民の介護への不安が高まっている（総務庁『高齢者の日常生活に関する意識調査 平成 10 年度』）．

⑤ 日本経済新聞 1999 年 8 月 1 日付けの記事に，「高齢者対策の重点項目」（総務庁『高齢者の日常生活に関する意識調査 平成 10 年度』）が掲載された．「老後を安心して生活できるような収入の保障（48.6％）」「介護サービスが必要なときに利用できる体制の整備（42.6％）」「体が不自由になっても生活できる住宅の整備（27.2％）」などである（図 3.2）．

こうした状況のなかで，国民の 8 割（「賛成」46.7％，「どちらかといえば賛成」35.6％）が介護保険制度の創設に賛成している（総理府『高齢者介護に関する世論調査 平成 7 年』）．

しかし，「家族介護から社会介護へ」の議論に対しては，家族介護を「含み資産」（『厚生白書 昭和 53 年版』），あるいは「日本の美風」ととらえる考え方から反発がでている．その議論は介護保険のなかでは，要介護者本人への介護サービスという現物給付か，または「家族への現金給付」かという仕組みの問題として繰り返し浮上している．家族介護を社会保険から給付される社会的労働と同等のものと見なすには，家族介護が社会的労働としての標準的質を満たし，その労働に対し社会保険などの労働条件が準備されるかどうかの議論が不可欠である．

b．介護保険は「社会保障構造改革の第一歩」という位置づけ

介護保険は，医療保険，年金保険，雇用保険，災害補償保険につぐ日本で 5 番目の社会保険である．そして単に 5 番目に加えられたというだけでなく，医療，年金，社会福祉についても順次進められる「社会保障構造改革の第一歩」という

位置づけがされている．そうした意味でも，介護保険の理念や仕組みを把握し，利用者本位の制度にしておくことが重要である．

介護保険は，「現行制度による介護への対応には限界がある」「現行の老人福祉の制度では利用者に適したサービスの選択が必ずしもできない」「また，制度によって利用料に格差がある」（例えば，特別養護老人ホームは年収800万円で，老親が平均的な厚生年金受給者の世帯の負担は月額19万円，介護を理由とする高齢者の長期入院をさす社会的入院で医療費は1人月額約50万円である）などの問題に対応し，次のような方向を目ざすものとされた．

① 介護に関する国民の不安に対応するために，介護を社会全体で支えることにする．このため，福祉と医療に分かれている高齢者の介護に関する制度を再編成し，利用しやすく，公平で，効率的な社会的支援システムを構築する．ア）利用者が自由にサービスを選択して利用できる仕組みとする．イ）介護に関する福祉と医療のサービスを総合的・一体的に提供する．ウ）画一的でなく，多様で効率的なサービスを提供する．エ）社会的入院の是正により，医療費のむだを解消する．

② 介護保険は，現行制度に比べ費用を効率化するとともに，今後の社会保障の構造改革の道筋を付ける第一歩とする．ア）少子高齢社会に向けて，社会保障制度を再構築し，国民負担の増大を抑制する．イ）医療保険改革の一環として，医療保険から介護部分を切り離し効率化する．ウ）現行制度の負担の不均衡を是正するとともに，高齢者にも無理のない範囲で保険料や利用料を負担してもらう．

③ 民間活力を活用する．ア）民間事業者や農協，住民参加の非営利組織など多様な事業主体の参加により，民間活力を活用する．イ）有料老人ホームでも介護保険のサービスを提供する．

このような方向性を踏まえて財源調達システム（総費用の半分を保険料で，半分を税金で賄う）と介護サービス提供システムが提起されたが，ここでは，介護サービス提供システムについてみていく．

c．介護サービスの対象者

(1) 被保険者

第1号被保険者（65歳以上）の場合は，寝たきり・痴呆などで入浴，排泄，

食事などの日常生活動作について常に介護が必要な人や，家事や身支度などの日常生活支援が必要な人で，要介護認定において，「要介護」「要支援」と認定されるとサービスを利用できる．

第2号被保険者（40~64歳で医療保険に加入）の場合は，初老期痴呆，脳血管障害など，老化に伴う14種類の病気などによって介護などが必要となった人で，要介護認定において，「要介護」「要支援」と認定された人である．

(2) 要介護認定

介護保険のサービスを利用するには，保険者に，「介護が必要である」と認められることが必要である．この判定を要介護認定といい，要介護認定は，訪問調査員による面接調査の結果（コンピューターによる第一次判定）と主治医の意見書をもとに，5~6名の専門職による介護認定審査会（第二次判定）で行われ，まず介護保険の対象となるかどうかの審査があり，その対象者がどのくらいの介護を必要としているかという要介護の判定がされる．そうすると，要介護度（6段階）ごとに，介護保険で利用できる1カ月当たりの支給限度額が決まる（次の表は介護報酬単価とサービスの標準的な利用例を前提に厚生省が試算した平均利用額，2000年1月24日公表）．

居宅介護サービス（訪問通所サービス分）

自立	支給なし
要支援	61,500円
要介護1	165,800円
要介護2	194,800円
要介護3	267,500円
要介護4	306,000円
要介護5	358,300円

施設介護サービス

介護福祉施設	265,500円	3つの施設とも制度の中で最も手厚い職員配置，要介護3，1カ月30日で計算した額．
介護保健施設	294,000円	
介護療養施設	385,500円	

介護を必要とする人の身体状況には変化が伴うので，要介護認定は，そのときどきの正確な状況を把握するために，原則6カ月ごとに再調査が行われる．ま

た，状況が変わるなどの必要に応じて，再申請（変更審議）ができる．

　介護認定に異議がある場合は，つまり，要介護と認定されなかったり，要介護度の認定に不服があるときには，都道府県ごとに設置される「介護保険審査会」に不服審査の申し立てができる．

　要介護認定申請受付け，訪問調査，要介護認定の業務は，保険者（市町村，特別区）の責任で行われる．申請に至るまでの十分な情報提供，申請のしやすさ，調査時の調査員の質や調査員と被調査者の対等な関係の確保，介護認定審査会委員の質，不服や疑問の言いやすさなど，利用者本位の運用にするには，いくつものチェックポイントがある．

d．自立支援のためのサービスに向けて

　介護保険は，介護を必要とする人がその有する能力に応じて自立して生活ができるよう，在宅・施設の両面にわたって必要な福祉サービス，医療サービスなどを提供するためのものとされている（介護保険法第1条）．特に，在宅に関する給付については，介護を必要とする多くの人びとが，できる限り住み慣れた家庭や地域で生活をおくることができるようサービス内容の充実を図り，24時間対応が行えるような水準を目ざしている．

　それぞれのサービスは，利用者とサービス提供事業者の契約により実施される．

(1) 現行の老人福祉と老人保健（医療保険）の制度を再編成

　介護保険から給付されるサービスは，現行の老人福祉制度（公費＋応能負担）と老人保健（医療保険）制度（医療保険料＋公費＋サービスに応じた一律負担）で実施されているサービスに，新たなサービス（例えば，痴呆性老人のためのグループホーム）を加えたものである（図3.3）．介護保険の制度（介護保険料＋公費＋1割の自己負担）のもとに一元的に保健・医療・福祉のサービスが介護サービスとして提供されることになった．

　しかし図3.3からも明らかなように，介護保険から給付されるサービス（「介護保険事業計画」に必ず盛り込まれるサービス）は，高齢者に必要な生活支援からみて一部のサービスであることがわかる．各市町村は，介護保険事業計画とともに新老人保健福祉計画を策定中である．高齢者の暮らし全体を考えた支援が必

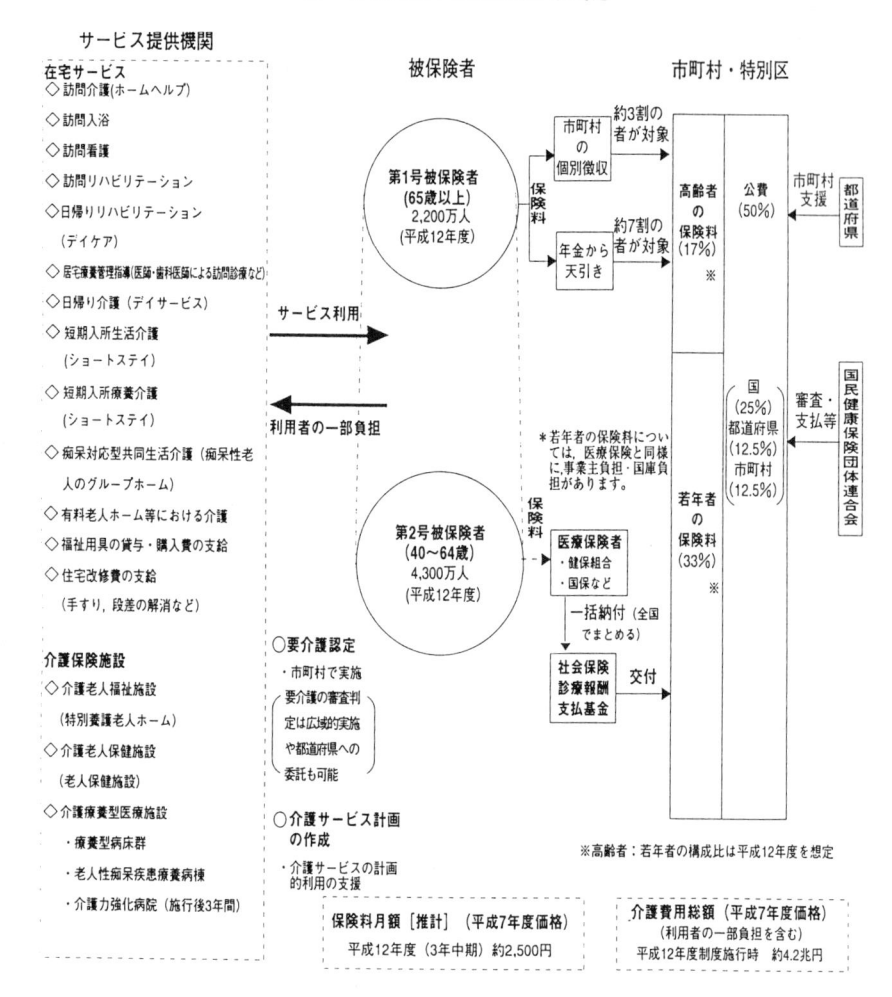

図 3.3 介護保険制度の概要
(資料:『厚生白書 平成 10 年度版』)

要であり，そのために市町村の一般財源から実施するサービスの種類や利用料，誰がそのサービスを担うのかなどの検討が重要である．

(2) 介護保険の給付内容

介護保険から給付されるサービスについて，簡単に紹介してみよう．

ア） 在宅に関する給付
- 訪問介護（ホームヘルプサービス）―ホームヘルパーが家庭を訪問して介護や家事の援助を行う．
- 訪問入浴―浴槽を積んだ入浴車で家庭を訪問して，入浴の介護を行う．
- 訪問看護―看護婦等が家庭を訪問して看護を行う．
- 訪問・通所によるリハビリテーション―理学療法士や作業療法士が，家庭を訪問したり，あるいは施設において，リハビリテーションを行う．
- かかりつけ医の医学的管理等―医師，歯科医師，薬剤師等が家庭を訪問し，療養上の管理や指導を行う．
- 日帰り介護（デイサービス）―デイサービスセンター等において，入浴，食事の提供，機能訓練等を行う．
- 短期入所サービス（ショートステイ）―介護を必要とする人を介護施設に短期間預かる．
- 痴呆の要介護者のためのグループホームにおける介護―痴呆のため介護を必要とする人びと10人前後で共同生活を営む住居（グループホーム）において介護をする．
- 有料老人ホーム等における介護―有料老人ホーム等において提供されている介護等も介護保険の対象とする．
- 福祉用具の貸与およびその購入費の支給―車椅子やベットなどの福祉用具について貸与を行うほか，貸与になじまないような特殊尿器などについて購入費の支給を行う．
- 住宅改修費の支給―手すりの取り付けや段差解消などの小規模な住宅改修についてその費用を支給する．

イ） 施設に関する給付
- 特別養護老人ホームへの入所
- 老人保健施設への入所
- 療養型病床群，老人性痴呆疾患療養病棟その他の介護体制が整った施設への入院

(3) 市町村の独自給付（市町村特別給付，保健福祉事業）

市町村は，地域の独自のニーズに応じ，第1号被保険者の保険料を財源とし

て，以下のような給付を行うことができる（図 3.3）．

・介護を必要とする人などに対する寝具洗濯・乾燥サービスなどの給付
・介護研修，介護のリフレッシュを目的とする交流会，ひとり暮らしの被保険者のための配食サービスなど

(4) 介護サービス計画（ケアプラン）の作成と介護支援専門員（ケアマネージャー）

要介護認定により「要介護」「要支援」と認定されると，介護支援専門員（ケアマネージャー）に介護サービス計画（ケアプラン）を立ててもらうことになる（自分で立ててもよい）．

介護支援専門員は，介護を必要としている高齢者の思いや暮らしのニーズに沿った総合的な介護サービスの利用計画づくりを担当し，利用者や家族の希望を聞きながら適切なサービスへつなげるという役割を，本人に代わって行う．介護保険のサービスに限定されることなく，ボランティアや保険対象外のさまざまなサービスを組み合わせて，利用者の自立を支援する．介護支援専門員は，保健・医療・福祉の各分野で5年以上の実務経験，筆記試験に合格後，実務研修を終了した人で，介護施設，訪問看護ステーション，デイサービスセンター，在宅介護支援センターなどからも連絡をとることができる．また，「指定居宅介護支援事業者」（ケアプラン作成機関）と特別養護老人ホームや老人保健施設などの「介護保険施設」には介護支援専門員が必ずいる．

介護サービス計画づくりとは利用するサービスの種類と回数，その組み合わせを考えることである．介護サービス計画の作成を依頼した場合には，ケアプラン作成機関の介護支援専門員が訪問調査を行い，その資料に基づいて利用者や家族と複数の専門家による話し合いを経て，介護サービス計画がつくられる．計画完成後，サービス提供機関に連絡が入り，サービスが開始される．費用は無料である．自分で利用計画をつくった場合は，計画を市町村に届けて，サービス提供機関に自分で連絡し，サービス提供依頼する．利用計画をつくらない場合は，サービス提供機関に連絡を入れ，直接サービスを購入することになる．購入代金は全額立替え，後から払戻しされる．施設サービスを利用する場合は，施設で必ず介護サービス計画がつくられる．

ここで考えられる第一の問題は，これまで，実際に介護サービス計画を立てた

ことのない人たちが多いことである．介護支援専門員の質が懸念されている．第二の問題は，介護支援専門員のほとんどがホームヘルプサービスなどのサービスを提供する事業者に属していることである．利用者に最も適切であるサービスでなく，「わが社」のサービスの利用に誘導するのではないか（禁止されてはいるが）という事態が心配されている．

e. 高齢者支援のニュービジネスの参入と複合・拡大する在宅介護サービス

　介護保険から給付されるサービスを提供する条件は三つある．法人格をもっていること（ただし，市町村が認めれば，法人格がなくても基準該当サービスを担える），人的基準を満たしていること，設備や運営の基準を満たしていることである．したがって，社会福祉法人も医療法人もNPO法人（特定非営利活動促進法＝NPO法に基づく法人）も株式会社も条件を満たして指定サービス事業者になれば対等な立場となる．

　本来，「福祉」は，行政が担うべき最も基本的なサービスであり，しかも必需性の高いサービスであるから，公的負担で提供すべきである，という考えは依然として根強い．つまり，ビジネスという捉え方になじまないという考えである．しかし，ニーズが量的に急拡大し，しかも質的な向上と多様化・分化が求められている以上，民間事業者の力なくしてそうした社会的ニーズに対応できないこともまた明らかであろう．それらの企業が，数々のユニークかつニーズに合致したサービスを提供し始めている．民間事業者ならではのアイデア，ノウハウ，技術，マーケティング力が十分に発揮され，適正な競争条件がうまれれば，民間事業者の積極的参入によるサービス提供体制への競争原理の導入は，「高齢者支援の強化」という社会的要請に応えることになるであろう．

　一方，民間事業者の営利企業が福祉事業に参入した場合，非営利部門（社会福祉法人など）は，競争にさらされることになる．これを「棲み分け」あるいは「協力」の形に移行できるかどうかが，各事業体の事業継続さらには福祉事業界全体の成長のキーファクターとなるだろう．非営利法人は，① 福祉分野での長年の実績がある，② 行政との結びつき（人事面など）が強い，③ 人件費，利益目標が一般に低いため，サービス価格も安く設定できる，④ 非営利法人であること自体が信頼性を生む，などの特徴をもっていると思われる．しかし，これま

では行政からの委託事業に頼り措置制度のなかで利用者を受け入れていたことから考えると,「選ばれるサービス」となるための積極性と経営感覚が備わっていない観がある.各事業体の,こうした状況への対応として最も重要なことは,「サービスの質の向上・確保」であり,そのためには,次の五つがポイントとなろう.

① サービス提供後の,いわゆる顧客満足度の頻繁な評価
② サービス内容および価格についての豊富な「選択肢」(メニュー) の提示品揃え
③ サービスおよびそれに関する「消費者情報」のきめ細かい提供
④ アフターケアの充実
⑤ スタッフの十分な教育・能力向上

つまり,高齢者支援サービスにとっての質には,「きめの細かさ」「ホスピタリティー」「専門的な知識・ノウハウ」と同時に,「選択的可能性」が含まれるということであろう.

すでに述べたように,介護保険制度では,全国一律の「予防給付・介護給付」と,各市町村が独自に条例を定める「市町村特別給付」が設けられており,後者には前者に含まれない「移送サービス」「寝具洗濯・乾燥サービス」などが想定されている.このほか,給付の限度額をこえる「上乗せ」サービスと給付の対象外となる「横出し」サービスが提供されることを想定している (図3.4).

また,後期高齢者のかなりの割合が要介護高齢者に属することになる一方で,「要介護」のカテゴリーに入らない健康な人たちが多いことも事実である.した

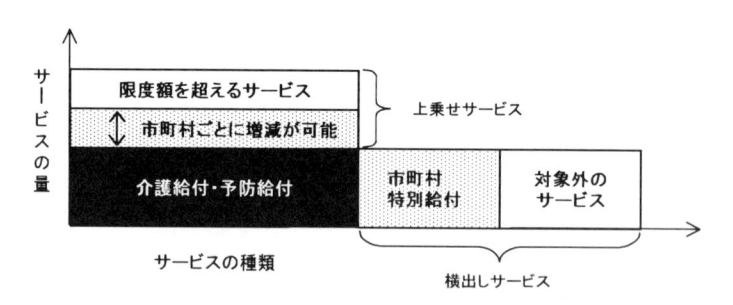

図3.4 介護サービスの「上乗せ」「横だし」
(資料:『厚生白書 平成10年版』より作成)

がって，いわゆる健常高齢者（元気な高齢者）の日常生活を支援するためのビジネスニーズ，つまり，介護サービスを利用する期間をできる限り短くし，なるべく元気でいる期間を長くするためのサービスへのニーズも決して少なくないと思われる．「介護」ビジネスとは，虚弱高齢者などを含めた「要介護高齢者」を対象にしたものであると同時にその予防も含む幅広いビジネスと考えられる．

「上乗せ」と「横出し」とされているサービスこそが，多様化・高度化する高齢者支援のニーズに応えるものにほかならない．この分野の提供主体として，独自の創意工夫とノウハウ，人材を揃えて活躍するのは，「多元化されたサービス提供主体」のどの主体となるのであろうか．生活ニーズの反映と地域性は重要な要素となるであろう．

介護保険から給付されるサービス，そしてそれをつつみ込む地域サービスを提供するシステムは，まさに，自助・共助・公助のミックスされたものとなろう．

（根笈美代子）

文　　献

OBS 大分放送，1998，『大分パワーライフ』OBS 大分放送
加藤　寛・丸尾直美，1998，『福祉ミックス社会への挑戦』ライフデザイン研究所，中央経済社
厚生省，1998，『厚生白書 平成 10 年版』ぎょうせい
新世紀研究所，1994，『望ましい介護システムへの提言』法研
日本アプライドリサーチ研究所，1998，『介護・高齢者サポートビジネス 150 選』日本実業出版
松村祥子，1995，『社会保障論』放送大学教育振興会

3.3　生活自立支援サービスにおける産業化と市民化

社会保障構造改革や社会福祉基礎構造改革の方向性にみるように，21 世紀に向けて，社会的生活支援の枠組みは大きく変わろうとしており，その社会経済的背景や，世界の動向については第 1 章でみた通りである．簡単にその特徴をまとめると，福祉サービスの普遍化を必要とする社会的状況（高齢化，介護の可能性の普遍化，家族機能の変化など）を踏まえ，「個人の自立を支援する利用者本位の仕組みの重視（情報開示，適切な費用，利用者の選択，できる限り在宅可能）」を目標とし，その実現を「ケアマネージメント」と「多様な主体の参入促進」

「公私の適切な役割分担と民間活力の導入の促進（規制緩和，競争）」ではかろうというものである（堀越栄子，1999, p. 19）．そのための環境整備として，「地方分権化」と「措置制度から契約方式へ」という制度変更がなされた．

本節では，措置制度の時代から契約の時代へのトップを切った介護保険を事例に，a.生活自立支援サービス（介護サービスの意義を明らかにするためにこう呼ぶこととする）の提供・利用構造の変化を概観し，b.サービス提供体制の産業化と市民化の内容について明らかにし，c.制度変更が及ぼす生活経営への影響と「行政本位でもない，企業本位でもない，利用者本位」の生活自立支援サービス提供における民間非営利組織の可能性について述べる．

---- コラム5 ----

特定非営利活動促進法（NPO法）

1998年3月，「特定非営利活動促進法」（通称NPO法）が全会一致で成立し，12月に施行された．NPO (nonprofit organization) は，民間非営利組織（団体）をさす．税金によって公平な社会サービスを提供する行政組織を第一セクター，営利を目的とし市場でサービスを供給する企業組織を第二セクターと呼ぶのに対し，営利を目的としない市民の自由な社会貢献活動を行う組織をNPO（あるいは第三セクター）と呼ぶ場合もある．

NPO法成立の背景として，阪神・淡路大震災の際のボランティアの活躍は大きな契機であった．しかし，強力な具体的きっかけではあったものの，すでに多くのNPOが環境，高齢社会，国際交流など，「官」（政府部門）と「民」（民間営利部門）の二極構造では解決しきれない問題に取り組んできており，生活の場からの「地殻変動」は起きていたのである．

NPO法は，市民活動団体が法人格を得るためのものである．NPO法人になれる団体は，「不特定かつ多数のものの利益の増進に寄与することを目的とする」ものであり，活動分野は，保健・医療・福祉の増進，まちづくり，環境保全，人権擁護や平和の推進，NPOを支援するNPO活動など12領域とされている．法人格取得は都道府県に申請し，2ヵ月の書類の縦覧の後，認証（不認証）される．NPO法人には情報公開が義務づけられているのである．制度については，施行2年以内に，税制優遇も含めて見直しを検討することとなっている．

NPO法人になると，団体名義による銀行口座の開設や借家の契約主体にもなれ，社会的信用も得やすくなるであろう．しかし，あくまでも法人格は道具であり，活動目標を実現するためにNPO法人になる必要があるかどうかという個々の団体の判断が大切である．

（堀越栄子）

a. 生活自立支援サービスの提供・利用構造

(1) 「措置制度の時代」のサービス提供主体の民営化

これまでの福祉サービスは「措置制度」のもとで実施されていた．福祉サービスの利用に当たっては，行政機関の判断により，サービスが必要かどうか，在宅サービスか施設サービスかなどサービスの内容や提供量，サービスの実施に当たっての提供主体などを決定し，行政処分としてサービスを実施しており，利用者がサービスを選ぶことはむずかしかった．

措置制度におけるサービスの提供構造は，サービスの提供の責任は市町村，ただし事業実施は直営とは限らず，事業の委託は可能というものである．ホームヘルプサービスなどへの要求がたかまるにつれて，厚生省は委託先を拡大していった（堀越栄子，1996, p. 17）．

1972年から1996年までの25年間の高齢者福祉事業の動向を，「従業者」によりみると（表3.3），社会保険・社会福祉業の伸び，とりわけ高齢者福祉産業の伸びと，民営の占める割合（特に，「会社以外の法人」＝社会福祉法人，医療法人など）の増加・地方公共団体割合の減少がみてとれる．1972年は社会福祉施設基盤整備5カ年計画，1987年は(社)シルバーサービス振興会設立，1991年は営利企業への措置委託開始の年である．

次に，厚生省『健康・福祉関連サービス産業統計調査』(1990年より3年ごとに公表．調査対象は，厚生省が把握した事業所で，社会福祉協議会や社会福祉施設等は除かれている）により，在宅福祉サービス民間事業者の特徴についてみてみよう（表3.4, 3.5）．「在宅サービス三本柱」といわれるホームヘルプサービス，デイサービス，ショートステイをみても，1990年以降に事業を開始した事業所がそれぞれ57.1%，75.0%，82.8%と，在宅福祉サービス産業は1990年代から大きく発展したことがわかる．1989年に「高齢者保健福祉推進十カ年戦略（ゴールドプラン）」，1994年に「新ゴールドプラン」が策定されている．

経営組織別にみると，営利企業，非営利団体（社会福祉法人，社団・財団法人，社会福祉協議会，社会福祉施設は除く），住民参加型組織（「その他」として集計，『事業所・企業統計調査報告』には集計されていない）が共存していることがわかる．事業の内容は複数化しており，また，経営主体は福祉系の産業とは限らない．

表3.3 産業別経営組織別従業者割合および増加率

		実数	割合（総数＝100）(％)							増加率	
		総数 (100人)	民営			会社以外の法人	法人でない団体	地方公共団体	国	総数	民営
			個人	会社							
医療業	'72	10,964	78.8	49.3	—	27.1	0.9	12.8	7.5		
	'78	14,906	81.2	49.1	—	29.7	0.7	11.6	6.5	36.0	40.0
	'81	17,517	82.3	49.0	1.9	30.9	0.6	10.9	6.2	17.5	19.1
	'86	20,259	83.4	47.1	2.4	33.4	0.6	10.8	5.7	15.7	17.2
	'91	23,484	84.5	39.7	2.8	41.1	0.9	10.3	5.2	15.9	17.4
	'96	27,711	85.8	32.7	3.0	49.5	0.6	9.9	4.3	18.0	19.8
保健衛生	'72	449	13.3	0.9	—	8.0	0.5	88.9	1.8		
	'78	512	14.5	0.8	—	9.2	0.4	83.0	2.3	14.0	23.3
	'81	551	16.4	0.8	6.0	9.3	0.3	81.3	2.2	7.7	22.3
	'86	626	19.5	0.9	4.2	13.9	0.4	78.4	1.9	13.6	35.3
	'91	708	20.7	0.7	4.4	15.4	0.3	77.4	1.8	13.1	20.0
	'96	899	27.0	0.6	5.8	20.4	0.3	71.5	1.5	26.9	65.0
社会保険・社会福祉	'72	2,746	41.7	6.2	—	33.0	2.3	57.9	0.4		
	'78	4,497	45.9	4.6	—	39.6	1.4	54.0	0.1	63.8	80.1
	'81	5,356	49.4	4.3	0.4	43.6	1.2	50.5	0.1	19.1	28.4
	'86	6,106	54.0	3.7	0.5	48.4	1.5	45.9	0.0	14.0	24.7
	'91	7,104	58.2	3.3	0.9	52.2	1.9	41.7	0.0	16.3	25.3
	'96	9,297	63.5	2.7	1.4	57.4	2.0	36.4	0.1	30.9	42.8
児童福祉事業	'72	1,736	41.9	9.8	—	29.1	2.8	58.0	0.1		
	'78	2,852	40.0	7.1	—	31.0	1.5	60.0	0.0	64.3	56.6
	'81	3,288	43.3	6.9	0.5	34.5	1.3	56.7	0.0	15.3	24.7
	'86	3,451	45.2	6.4	0.6	36.9	1.4	54.7	0.0	5.0	9.8
	'91	3,694	46.8	6.1	0.8	38.1	1.7	53.2	0.0	7.1	10.7
	'96	4,328	47.6	5.5	1.1	39.4	1.5	52.4	0.0	17.2	19.1
老人福祉事業	'72	197	49.9	0.2	—	48.2	1.5	50.3	—		
	'78	454	59.9	0.3	—	58.6	0.6	40.1	—	129.8	175.8
	'81	619	64.5	0.1	0.3	63.7	0.4	35.5	—	36.4	46.8
	'86	849	71.9	0.2	0.8	70.3	0.6	28.0	—	37.0	52.9
	'91	1,294	78.8	0.2	2.1	76.0	0.6	21.2	—	52.5	67.2
	'96	2,217	85.2	0.2	3.2	81.1	0.8	14.8	—	71.4	85.1
精神薄弱・身体障害者福祉事業	'72	120	55.8	0.3	—	54.2	1.3	40.0	4.2		
	'78	301	77.7	0.3	—	75.4	1.7	20.9	1.3	150.4	248.8
	'81	411	78.3	0.3	0.0	77.1	1.0	20.7	1.0	36.8	37.8
	'86	628	83.3	0.4	0.0	79.5	3.5	16.4	0.3	52.8	62.5
	'91	789	84.7	0.6	0.1	78.6	5.4	15.1	0.3	25.6	27.7
	'96	1,038	86.9	0.6	0.1	79.7	6.5	12.6	0.5	31.5	34.9
公務	'72	15,483	—	—	—	—	—	66.6	33.4		
	'78	17,144	—	—	—	—	—	69.0	31.0	10.7	—
	'81	17,351	—	—	—	—	—	69.4	30.6	1.2	—
	'86	17,459	—	—	—	—	—	69.4	30.6	0.6	—
	'91	17,772	—	—	—	—	—	70.2	29.8	1.8	—
	'96	18,500	—	—	—	—	—	71.1	28.9	4.1	—
全産業	'72	439,485	88.7	24.2	—	4.6	0.3	6.7	2.8		
	'78	479,487	88.7	24.3	—	5.4	0.3	7.1	2.6	9.1	9.0
	'81	515,451	89.2	24.0	59.2	5.6	0.3	6.9	2.4	7.5	8.1
	'86	543,705	90.5	22.1	62.1	6.0	0.3	6.7	2.3	5.5	7.1
	'91	600,188	91.7	18.4	66.5	6.4	0.3	6.2	2.1	10.4	11.8
	'96	627,813	91.7	16.1	67.9	7.4	0.3	6.2	2.1	4.6	4.7

（資料：総務庁統計局『事業所・企業統計調査報告』）

3.3 生活自立支援サービスにおける産業化と市民化

表 3.4 在宅福祉サービス種類別サービス開始年次構成割合（％）

	総数	～1974年	1975～1984年	1985～1989年	1990～1994年	1995～1996年
訪問介護	638	1.1	12.9	28.5	44.2	12.9
訪問入浴サービス	143	0.7	18.9	22.4	46.2	10.5
在宅配食サービス	241	4.6	10.8	21.6	38.6	21.6
福祉用具の賃貸・販売サービス	1,652	6.0	15.8	29.4	36.5	11.0
緊急通報サービス	95	5.3	3.2	30.5	41.1	12.6
移送サービス	346	8.4	19.4	30.9	29.8	11.0
日帰り介護	68	0.0	4.4	20.6	41.2	33.8
短期入所生活介護	29	0.0	6.9	10.3	48.3	34.5
寝具乾燥消毒サービス	219	19.2	28.8	26.0	16.4	8.7

（資料：厚生省大臣官房統計情報部『平成8年 健康・福祉関連サービス産業統計調査』）

表 3.5 在宅福祉サービス種類別経営組織別事業所数構成割合と主たる事業別構成割合（％）

	経営組織別					主たる事業別					
	総数	営利	非営利	その他	不詳	総数	在宅福祉サービス業	その他サービス業	製造業	運輸・通信業	卸売・小売業,飲食店
在宅福祉サービス	3,431	70.2	6.0	23.6	0.1	100.0	42.1	25.8	3.9	7.3	18.5
訪問介護	638	23.8	22.9	53.3	0.0	100.0	73.3	23.0	0.2	0.0	2.6
訪問入浴サービス	143	92.3	4.2	3.5	0.0	100.0	89.5	4.7	3.5	1.2	1.2
在宅配食サービス	241	49.4	9.1	41.5	0.0	100.0	50.0	26.7	4.3	0.0	16.8
福祉用具の賃貸・販売サービス	1,652	90.0	0.6	9.1	0.2	100.0	36.8	21.7	6.3	0.2	31.6
緊急通報サービス	95	87.4	5.3	7.4	0.0	100.0	32.4	23.5	0.0	38.2	1.5
移送サービス	346	80.6	2.0	17.3	0.0	100.0	27.4	19.3	0.3	51.1	0.3
日帰り介護	68	19.1	13.2	67.6	0.0	100.0	75.0	22.1	0.0	0.0	0.0
短期入所生活介護	29	41.4	0.0	58.6	0.0	100.0	69.0	24.1	0.0	0.0	0.0
寝具乾燥消毒サービス	219	60.7	0.5	38.8	0.0	100.0	30.6	54.5	3.3	0.5	9.6

「主たる事業別」で，農林漁業，鉱業，建設業，電気・ガス・熱供給・水道業，金融・保険業，不動産業を省略したため総数は100とはならない。
（資料：厚生省大臣官房統計情報部『平成8年 健康・福祉関連サービス産業統計調査』）

措置制度のもとで自治体からの事業委託が進み，サービス提供主体は民営化するとともに多元化してきている（保育領域については3.1節参照）．そして，介護保険制度の実施により，民営化のなかでも「産業化」と「市民化」に焦点があてられている．

(2) 「介護保険時代」のサービス提供・利用構造

措置制度のサービス提供・利用構造と，「介護保険時代」のサービス提供・利

用構造との違いは六点にまとめられる（介護保険から給付されるサービスの種類と内容，要介護認定，居宅介護サービス計画＝ケアプラン，事業者が指定を受けられる三要件については3.2節参照）．

第一に，誰がサービスを利用できるかは，要介護認定で決まること．第二に，利用するサービスの種類や量は，「要支援」「要介護」の別や，そのサービスをどれくらいまで使ってよいかという各自治体の支給区分限度額により限定はされているものの，それを除けば，利用者や介護者が参加してつくったケアプランで決まること．第三に，どのサービス提供事業者のサービスを利用するかは，利用者が自由に選べること．事業者は指定を受けると公示されるので，被保険者は指定事業者の情報を手に入れることができる．第四に，サービスの提供と利用は私的契約によること．第五に，指定の要件を満たせば，誰でも，指定事業者として市町村の委託を受けずに介護保険からサービスを提供できること．表3.6のように，サービスごとに提供事業者に違いはあるものの，民間企業やNPO法人も市町村，社会福祉法人，医療法人などと同等の資格で介護保険からサービスを提供できるようになり，指定事業者に支払われる介護報酬（サービスごと，要介護度ごとに単位が決まっている）の水準も官民同じである．第六に，介護保険から提供されるサービスは介護を必要とする人の暮らしからみると限られた種類と量のサービスであり，これまで市町村が実施していたサービスの一部である．市町村の地域福祉サービスが介護保険から給付されるサービスを包み込んで総合的に準備される必要がある．食事サービスや外出サービス，閉じこもり予防の楽しい企画，緊急時対応などは重要である（厚生省は2000年度から「特別対策」として，介護保険で「自立」と認定された人びとへの在宅生活を支援する事業「介護予防・生活支援対策」を開始）．なお，介護保険から給付されるサービス以外のサービスは，高齢者保健福祉計画に記載され，介護保険事業計画と高齢者保健福祉計画は一体のものとして策定されることになっている．

b．サービス提供体制の「産業化」「市民化」
(1)　「福祉ミックス」における「産業化」と「市民化」

生活自立支援サービスをめぐり，どのような施策を進めていけば生活の安定と生活の改善をもたらすかということに関わって，福祉ミックスという概念が使わ

3.3 生活自立支援サービスにおける産業化と市民化

表3.6 サービス提供事業者と指定の関係

サービスの種類		サービス提供事業者（例示）
指定居宅介護支援事業者		
指定居宅サービス事業者		市町村
福祉系サービス	訪問介護	社会福祉協議会
	訪問入浴介護	社会福祉法人
	通所介護	医療法人
	短期入所生活介護	民間企業
	福祉用具貸与	農協，生協
	痴呆対応型共同生活介護	NPO法人　　　　など
	特定施設入所者生活介護	
医療系サービス	訪問介護	訪問看護ステーション（新規） 〃　　　　　　　　　（既設） 病院，診療所（保健医療機関等） 病院，診療所（上記以外）
	訪問リハビリテーション	病院，診療所（保険医療機関等） 病院，診療所（上記以外）
	居宅療養管理指導	病院，診療所，薬局（保険医療機関等） 病院，診療所，薬局（上記以外）
	通所リハビリテーション	介護老人保健施設 病院，診療所
	短期入所療養介護	介護老人保健施設 介護療養型医療施設 療養型病床群等を有する病院，診療所
介護保険施設	指定介護老人福祉施設	特別養護老人ホーム（新設） 〃　　　　　　　　（既設）
	介護老人保健施設*	老人保健施設（新設） 〃　　　　　（既設）
	指定介護療養型医療施設	療養型病床群，老人性痴呆疾患 療養病棟，介護力強化病院（平成14年度末まで）

* 介護老人保健施設は，介護保険法の施行に伴い，介護保険法により認可を受ける施設となる．

（資料：(社)かながわ福祉サービス振興会『申請の手引き―介護保険の指定事業者になるために―』）

れ，その内容が，市場の役割を重視しつつ，市場システム（主役は民間企業）と公的計画システム（政府）とインフォーマルシステム（家族，非営利非公的組織）の最適，有機的な組み合わせの実現をはかろうというものであることは1.3

節で明らかになった．では，もう少し立ち入って福祉ミックス論のいう「産業化」「市民化」についてみてみよう．

なお，本節では，サービス提供体制の民営化とは「行政以外の経営主体が事業をになうこと」，産業化とは「利潤の獲得を目的とする民間企業の事業所がサービス供給をすること」，市民化とは「民間非営利組織（団体）＝NPOがサービス提供をすること」として用いる．NPO（コラム6参照）とは「① 自主・自立の立場から，② 営利を目的とせず，③ 社会の利益を目ざして行う，④ 民間団体による活動のセクター」である（中村陽一，1999，p.14）．

福祉ミックス論は，市場の長所をあげ，市場原理を非市場部門にも適用し，公的部門の機能的市場化やインフォーマル部門の市場化の必要性を説明する．市場の長所とは，① 競争原理の導入による活性化・効率化，② 受給の自動調整，③ 報償と制裁のシステムの導入により働くインセンティブの導入，④ 商品・サービスの多様化と質の向上，⑤ 利用者の選択の自由と顧客意識の導入，⑥ コスト意識とマネジメント意識の浸透などである．一方，インフォーマル部門の経済効率的意義について，① 公的福祉供給の不足部分を補完して，福祉供給の不足を補う，② 市場の失敗と政府の失敗をカバーし，資源配分の最適性の観点からも重要，③ 民間非営利組織はしばしば無償あるいは低料金でサービスを供給するので福祉財政支出の節約にも役立つ，としている（加藤 寛，丸尾直美，1998）．

介護保険に関連させて考えてみると，民間非営利組織には，指定事業者となって他の事業者と競争関係に入ることと，行政の補完や民間企業の補完が期待されているといえる．後者についていうと，措置制度の縮小により従来受けていたサービスを利用できなくなった，主として低所得者へのサービス提供や，介護保険ではサービスが足りないけれど民間企業の供給するサービスには価格の問題から利用できない人へのサービス提供である．また，「クリームスキミング（いわゆるいいとこどり）」が現実化した場合の「同じ介護報酬であるが手のかかる人」などへのサービス，情報が供給側に偏っていることから生じる民間企業への信頼の欠如（「契約の失敗」）への対応という意味で期待されるサービスも，民間非営利組織に求められるであろう．

こうした民間非営利組織動員論に対し，自発性，即応性，柔軟性およびこの結果としての高い信頼性などが民間非営利組織の積極的な社会的役割として指摘さ

れている．しかし，この指摘は，市場と政府に対する民間非営利組織の補完性の意義を強めるものでも弱めるものでもない．三つのシステムの最適・有機的ミックスというのであれば，三システムの独自性の確保と相互補完性が追求される必要があろう．

福祉ミックス論は，「産業化」はいうに及ばず，「市民化」も市場のなかで，または市場を補完するものとして実施されることを想定し，市場性に統合される文脈においてミックスがうまくいけば，自ずとよいサービスが提供されるはずであるというサービス提供側にたった考え方であるといえよう．

(2) 「サービス消費者本位」の意味と限界

福祉ミックスの考え方はサービス提供の市場性を強調するものであった．したがって，サービスを利用する人びとは消費者と位置づけられることになり，介護サービス購入に関する消費者保護が提案されている．例えば日本においても，経済審議会経済主体役割部会「経済構造改革ワーキンググループ報告書」(1997年11月)によれば，福祉分野の規制緩和（質と価格の競争を行う市場原理の導入）は避けて通ることはできないが，介護サービスは消費者にとって内容がわかりにくく，しかも消費者は高齢なので，取引・契約の適正化のための「消費者契約適正化法（仮称）」のような新たな消費者保護政策が不可欠であるとしている．

こうした消費者本位アプローチに対しては，「市場の競争原理は，供給が需要を上回ってからしか成立しない」「理論的な選択肢を広げたところで，有効な選択ができなければ，消費者の主権を確保したことにならない」「金銭のやりとりは必ずしも，サービス提供者に対する影響力や支配力を購買者に付与することを意味しない．もともと不平等な権力関係にあるのだ」「買っても買わなくてもよい商品とは違う」「使ってみてはじめてその実態的な内容が理解できるようなものが多い」という批判がある（池田恵利子，1999, p.28；アラン・ウォーカー，1997, p.101）．

国民生活センターは，「消費者が介護を選び，買う」新たなシステムにおいては，「消費者の権利」という視点からの条件整備が不可欠とし，商品一般の消費の際の権利に限定せず，次の六点をあげている．①介護サービスの供給量の増加，②消費者の「知る権利」確立のための情報開示，③介護サービス利用者の「安全である権利」を確保する仕組みづくり，④消費者の「意見が反映される権

利」を保証する事業者のシステム構築，⑤被害を受けたときの救済システム，⑥自己責任を求めることのできない，意思能力の十分でない人たちの権利擁護・被害救済の条件整備である（及川昭伍，1998，p.1）．

　池田は，契約によるサービス利用へ移行することに対する公的責任として，①利用者支援として，自己決定権の支援である事前的権利保障の制度化（成年後見制度や地域福祉権利擁護事業），②選択，決定が利用者に不利なく公正に行われるための基盤整備（総合相談窓口，説明責任の明確化，事業の透明性確保と情報公開，サービスの質の向上，第三者評価，契約の適正化など），③それでも権利侵害や不公正があった場合の狭義の権利擁護（オンブズマン制度，簡易な苦情処理制度など）をあげている（p.39）．

　ここからもわかるように，「サービス消費者本位」の視点は重要ではあるものの，介護を必要とする暮らしからみると，抜け落ちる視点がたくさんある．すでに活動している施設ネットワーク型のオンブズマンは，「施設利用者には決定的に，自分一人が尊重されているという実感と人間関係の広がりが不足しており，利用者の権利意識と自分意識を回復し，利用者の力を引き出していくエンパワメント的機能がオンブズマンには求められている」「エンパワメント実践の推進者はまず，日常生活の援助を行う施設および援助者である」としているが，消費者本位アプローチ視点からはでてこない指摘である（高山直樹，1999，p.178）．

　また，各サービス事業者とそれぞれの消費者との関係は，契約時間・内容のみの，しかも一対一の個別的な関係にとどまり，消費者が，サービス量の不足から事業者を選べなくても，一事業者としてはあずかり知らぬことである．サービスの量と種類は，介護保険事業計画で定められ，実際にそのサービスを実施する事業者がなければ提供できないからである．このような，各自治体における生活自立支援サービスの制度設計や運営に関わる部分への参加の視点を導くには，「制度利用者本位」アプローチあるいはより広く「当事者市民」アプローチが有効であろう．

c．「利用者本位」の生活自立支援サービスと生活経営
(1) 市場化に収斂する「産業化」「市民化」への対抗の試み

　サービス提供側からの発想に対し，サービス利用者側から，介護を必要とする

人びと（彼らは同時に市民生活をおくる人びとである）がその人らしい日常生活をおくるためのサービスのあり方や仕組みについて発想した試み（「総合介護条例案」）を紹介してみよう（堀越栄子，1999，p.15）．「総合介護条例案」は，介護保険法実施のためには自治体が条例をつくることが必要であるが，厚生省が示した条例準則（案）は，保険料の徴収やサービスの種類の記載などまさに法実施の手続きのためのものであり，「利用者本位」からはほど遠いことを危惧して，市民，議員，自治体職員らによりつくられた．法でいう「家族介護から社会介護へ」「措置制度から契約方式へ（自己選択と自己決定）」を実効あるものにする，介護保険も含めた自治体の生活支援サービスの全体像がわかるようにする，市民が利用者本位の介護の可能性に発言できることを保障する，自立した日常生活のイメージを結びたいなどの姿勢に立っている．

その特徴は，五点にまとめられる．①誰もが，人間の生活行為に見合った介護サービスを利用できる権利をもっていることや，市民参加を強調した基本理念，担い手である市・事業者・市民の責務などが書かれている．②市の実施している介護サービスの全体を一覧し，その一部として介護保険法によって実施されるサービスや法施行のために必要な部分を位置づけた．③事業基盤の整備や利用者支援，苦情解決，情報提供などの，介護サービスの実施と運営のための基本的事項を盛り込んだ．④総合介護計画の策定・変更，相談・苦情の解決，行政評価などを行う市民参加の仕組みとして総合介護市民協議会を構想している．市民と行政の協働が図られる場でもある．⑤要介護認定により，「自立」と認定されて，これまで利用していたサービスが利用できなくなったり，あるいは「要支援・要介護」と認定されても利用できるサービスが減少したりする場合の対応として経過的自立支援サービスについて書かれている，ことである．

このような，消費者も含み込んだ利用者，利用者も包み込んだ市民の自己決定，選択，共同への道は，市民参加の介護保険事業計画策定委員会や高齢者保健福祉計画策定委員会のリードで，あるいは市民の要望を行政に提案するというかたちで実現可能である．そのことにより，介護を必要とする現高齢者も未来の要介護高齢者も，行政や企業ではなく，自らが生活のあり方を決めることができることになろう．

「利用者本位」のサービス提供を実現するには，個々のサービス提供を支える

制度的基盤を「利用者本位」「市民本位」とすることが不可欠であり，そのためにも，人と暮らしから発想する生活経営の視点にたった，社会に対する発言が緊要である．

(2) 私的生活領域と公共空間をつなぐ民間非営利組織の可能性

高齢期の最大の不安である介護不安をなくし，自分らしく暮らすという人生の選択を可能にするには，行政（あるいは行政化した既存の非営利法人）と民間企業という二つの選択肢に委ねず，対抗できる「利用者本位」のサービスをNPOが積極的に創り出すべきであろう．それは，「人びとの目に見え，人びとの手が届く位置に公共空間を創りだし，互いにリスクをシェアしながら社会や政治や行政や市場を制御できる仕組みを創り出すことである」．また，市民が相対的に自由に選択できる社会の条件を創り出すことでもある（金子 勝，1999）．各家庭は，ひと・もの・カネ・情報などを通じて参画することができる．

大谷 勉（1997）は，NPOが市民福祉に果たす意義として，次の七点をあげている．① 市民主体の理念の実現，② 対等で自主的な任意の関係，③ サービス提供の迅速性，④ 問題の連続性への柔軟さ，⑤ 自立の相互支援，⑥ 多様な自立性の尊重，⑦ ネットワークの重視である．例えば図3.5は埼玉の三つのNPOの活動範囲を示している．制度に縛られず，生活ニーズに沿ったサービスを多様に提供している様子がわかる．また，グループホームなどの先駆的サービスも提供している．これらは，縦割り行政や採算のとれるサービスのみを提供する民間企業との差異でもある．介護保険への参入について民間企業はビジネスチャンスととらえるが，NPOは，市民ニーズに応えるよい機会，継続的安定的活動の維持の機会ととらえる．現在の助け合い活動を，将来自分も利用すると考えると，未来への投資でもあるのである．

また，NPOは考え方や生き方が違っても支え合って社会を構成していることを実感できる教育の場でもあり，自分の利害だけを第一の基準で判断し行動する市民から，少しは社会に広がりをもって思考し，評価して行動していく市民になるきっかけになる場ではないかと考えられる．社会を構成するひとりの人間として独立した責任と権利をもち，連帯して能動的な暮らしをつくりあげようと社会参加する人びとである．さらに，NPOの活動が根づくと，行政を市民の地域共有財産機関に少しでもひきつけられるのではないか，民間企業も，市民社会の組

3.3 生活自立支援サービスにおける産業化と市民化　　　99

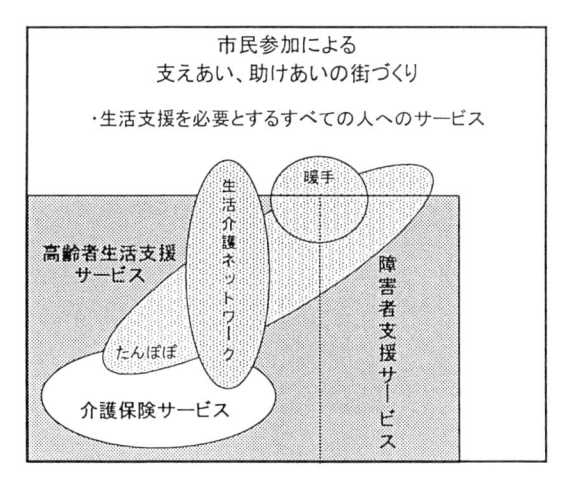

図3.5 各団体の活動領域
（資料：埼玉NPO連絡会）

織として企業活動に公共性を身につけることができるのではないだろうか（大谷, p.18）.

　生活自立支援サービス提供の「市民化」は，単に，民間非営利組織がサービスを担うという意味だけではなく，「政府と市場の双方に，人々の手が届く公共空間を創り出してゆく戦略」の拠点なのである（金子, p.10）．民間非営利組織に対しては，コスト意識の欠如，低い生産性，アカウンタビリティ（事業内容などの説明責任）の困難性などの問題が指摘されるが，乗り越えられない課題ではない．むしろ，介護保険について，多くのNPOが制度設計，事業計画づくり，条例づくり，サービス提供事業に参画している実態にこそ注目すべきであろう．

　介護保険は新しい制度である．情報をとらえ，サービス申請をし，というすべてのプロセスに参加して初めてサービスが利用できる．サービスを家庭にいかに取り入れるか，そして取り入れるサービスを地域や自治体にどのように準備するかが問われている．行政や企業が準備してくれるわけではないし，また形式的かもしれないが市民参加の扉は開かれている．それぞれの家庭から個別の生活問題を家庭の外へ発信し，それぞれの家庭（家族員）の「自由な選択」に応えるサービス（制度も含めて）を社会に共同で準備する生活経営の時代であろう．

おわりに

　介護保険が始まるのに，サービスの質についてほとんど議論がないという担当者の声を聞いた．介護を必要とする高齢者の暮らしについて議論がないと，筆者には聞こえた．ともすれば政治や経済状況の中で無力感に襲われがちであるが，「日常生活での動機づけと行為の意味を再びとりもどすこと」を軸とした生活経営の重要さは今こそ提起されてよいと思う．本論を契機に，「民間非営利組織」と生活経営について考察を深めたい．

（堀越栄子）

文　献

池田恵利子，1999,「権利擁護とエンパワメント」小田兼三・杉本敏夫・久田則夫編著『エンパワメント―実践の理論と技法―』中央法規

ウォーカー，アラン著，渡辺雅夫・渡辺景子訳，1997,『ヨーロッパの高齢化と福祉改革―その現状とゆくえ―』ミネルヴァ書房

及川昭伍，1998,「はじめに」，国民生活センター編『消費者からみた介護保険Q&A』中央法規

大谷　勉，1997,「市民の手による福祉社会を」,『ウェルフェア』Vol. 27

加藤　寛・丸尾直美編著，1998,『福祉ミックス社会への挑戦』中央経済社

金子　勝，1999,『反グローバリズム』岩波書店

高山直樹，1999,「障害者施設におけるエンパワメント実践過程」小田兼三・杉本敏夫・久田則夫編著『エンパワメント―実践の理論と技法―』中央法規

中村陽一，1999,「日本のNPO―21世紀システムに向かって―」，中村陽一＋日本NPOセンター『日本のNPO 2000』日本評論社

堀越栄子，1996,「生活直接支援サービス労働と女性」,『家政経済学論叢』第32号，日本女子大学家政経済学会

堀越栄子，1999,「市民福祉NPOの活動と協働の必要性」,『NPO活動の促進労働金庫の新たな役割に観する調査報告書』第一總合研究所

堀越栄子，1999,「『生活介護』における自己決定と生活共同の枠組み」,『生活経営学研究』No. 34

堀越栄子，1999,『総合介護条例のつくり方』ぎょうせい

4. 企業社会の変容と生活保障

4.1 企業社会の変容と生活者の自立と共同

　終身雇用，年功賃金，企業別組合を三種の神器とする「日本的経営」「日本的雇用慣行」はその共同体的組織原理を労働から生活に至る全生活に貫くことによって日本企業の高い生産性を実現してきた．そのことは生活者からすれば一定の安定した生活の確保を可能にすることであったが，同時に企業への従属，依存を条件とするものであった．つまり，こうした企業社会という共同体は家庭という共同体の自己決定権の放棄のうえに成り立ち，さらにいえば，根強い性別役割分業下にあって，家庭生活の主たる担い手である女性の自立を犠牲にすることによって成り立ってきたといえる．

　しかし，1980年代後半，1985年のプラザ合意以降の円高に加え，東独，ソ連の社会主義の崩壊，中国をはじめとする社会主義国の市場経済の導入などによる自由主義経済圏の拡大，進展するアジア経済などを背景とした大競争時代の到来は，「日本的経営」に転換を迫るものであった．すなわち，日本の企業にとっては，経済のグローバル化のもとで，国際競争に勝ち抜くためには，終身雇用，年功賃金，企業内福祉などを特徴とする「日本型雇用システム」の「高コスト体質」から抜け出すこと，グローバルスタンダードの導入など，抜本的な構造改革が課題となったのである．

　1995年5月，日経連は『新時代の「日本的経営」―挑戦すべき方向とその具体策―』を発表し，このなかで，今後，雇用は流動化が進み，主に管理職を対象

とした長期継続雇用の「長期蓄積能力活用型」グループ，企画，営業，研究開発職を対象とした，長期雇用を前提としない「高度専門能力活用型」グループ，一般職，技能・販売部門などを対象とした，有期契約型の「雇用柔軟型」グループの三つのタイプに分かれていくと指摘している．人事や賃金などの処遇制度は従来の年功的昇給制度から能力・業績を基礎とした職能資格制度に移行する必要があるとしている．従来の長期雇用，昇給が期待されるのは「長期蓄積能力活用型」のみで，他のグループは有期雇用契約で，賃金は「高度専門能力活用型」は年俸制，「雇用柔軟型」は職務給が考えられ，昇給はない．さらに，経営環境がきびしくなるうえに高齢化を迎えるなかで，総額人件費の抑制を重視しなければならないとして，雇用，賃金だけでなく，退職金，法定内外の福利費などについても，制度の再検討の必要性を指摘している．

こうした雇用の流動化を促す労働法制の整備も進展している．1999年4月の労働基準法改正（女子保護規定の撤廃）施行，6月の労働者派遣法改正，職業安定法改正など雇用の規制緩和＝市場化策が次々と打たれている．

経済のグローバル化に加え，労働力不足を来す少子・高齢化の急速な進展，長引く不況という状況のもとで，「日本型雇用システム」の見直しは避けられないとすれば，それに依存して成り立っていた生活の枠組みも変容を余儀なくされる．ここでは，今，進行している雇用構造の変化がこれまでの生活の「共同性」にどのような変容をもたらすのか，そして生活者の自立を支える新たな共同の枠組み構築への課題を検討したい．

はじめに，「日本型雇用システム」の機能と問題について検討する．

a．企業社会における「共同性」の限界
(1)　「日本型雇用システム」の機能と問題

企業社会を規定する「日本型雇用システム」の特徴である終身雇用制，年功賃金制，企業内福利厚生制度，企業別労働組合が勤労者の労働と生活にどのような役割を果たしてきたのであろうか．

日本における年功賃金制の形成は，1920年代，大企業の登場，労働の職種から職務への分解，労働運動の高揚などを契機としている．横断的なユニオンの発展に対する企業による労働者の企業内への封じ込めと，熟練工として企業が養成

した従業員の企業への足止め策として，「勤続給型」年功賃金が形成された．さらに，戦時体制下では銃後の生活保障として年齢，家族数を考慮した「生活給」型年功賃金が提唱され，戦後は理想的な生活給として，本人給と家族給に能力給と勤続給を加味した「電産型賃金」が労働組合の要求として実現した．1960年代末頃からは年齢・勤続・家族数・性差に加え能力主義評価の要素が入って，「能力給」型年功賃金が生まれ今日に至っている（木下武男，1999，pp. 67-69）．

こうした終身雇用制・年功賃金制の歴史は理念として労働者生活における生涯にわたる安定した生活モデルを形成するとともに，企業への強い帰属意識を醸成してきた．教育・住宅・老後といった生涯的生活課題が，私的責任にまかされている現状では，生計費支出カーブが年功賃金カーブと重なる一部大企業サラリーマンにとっては企業内福利厚生も含め，年功賃金はセーフティネットの役割を果たしてきた．しかし，「私的な解決は労働者の企業社会への包摂をもたら」（高橋祐吉，1994，p. iii）すものであった．

日本型雇用システムは内部昇進制，企業内における能力育成を特徴としているが，石油ショック以降，企業内での技能や能力向上のレベルを職能資格制度によって評価し，それを賃金に反映させる職能給が導入された．職能給は職務遂行能力を査定するものであるが，その技能・能力の社会的・客観的評価基準が形成されていないところでは，人事考課による恣意的な査定を可能にし，同一職務内に個人別の格差を生み出すものであった．こうした職能給的年功賃金制は，労働者間の競争的体質を強化し，労働者の企業へのコミットメントをより強めるものであった．企業にとっては企業内の労働のフレキシビリティを高め，柔軟経営，高い競争力を確保するものであった．

一方，長時間労働や過労死が社会問題となるほどの企業支配に対して，「労使が企業ごとに『共同化』し」た（広渡清吾，1992，p. 6）企業別労働組合は何ら規制力をもちえなかった．

企業社会において「安定した」生活を確保しようと思えば，企業への依存は避けられないが，「企業内生活保障システムに依存しうるためには能力主義競争において強く，企業内的なモラルに過度に同調し，私的生活においてのみ自由な個人へと自らを陶冶しなければならなかったのである」（高橋祐吉，1994，p. iv）．

(2) 企業社会における女性

終身雇用制,年功賃金制はすべての労働者に適用されたわけではない.女性や,中小零細企業の労働者,高齢者などは日本型雇用システムの枠外に置かれている.図4.1は『国民生活白書 平成9年版』による大卒男女の年功賃金カーブの推計であるが,女性でも継続して働いている場合は男性のそれよりも低い勾配ではあるが,年功賃金カーブが認められる.しかし,女性の場合は30代前半に残存率が大幅にダウンし,男女とも残存率が横ばいになる40代前半の残存率は男性36.1%に対して女性は4.8%にすぎず,年功賃金カーブに該当するものはきわめて少ない.また女性雇用者のうち正規雇用者は53.8%(男性80.9%)にすぎず,4割強は年功賃金とは縁のないパート,アルバイト,派遣などの非正規

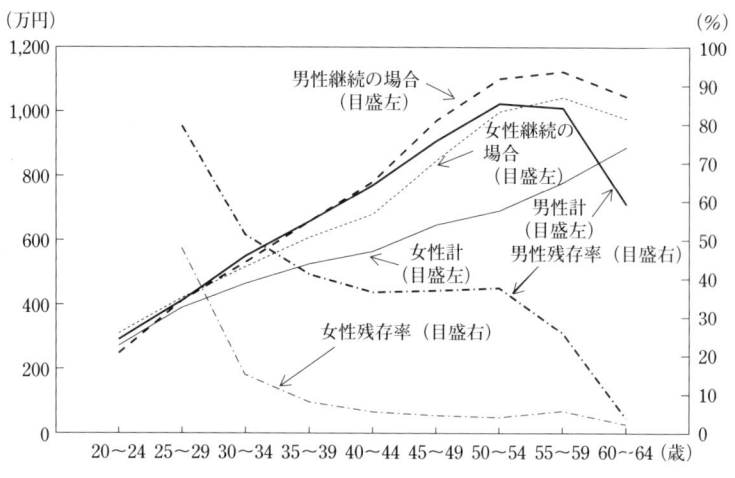

図4.1 女性にもみられるが,当てはまる人が少ない年功賃金カーブ

1. 労働省「賃金構造基本統計調査」(1995年,1996年),総務庁「労働力調査」(1996年),文部省「学校基本調査」(1950～1995年)により作成.
2. 年間収入は「賃金構造基本統計調査」の「大卒計」の「所定内給与額」と推計によって求めた1996年の年間賞与・その他特別給与額により算定.
3. 1996年の「年間賞与・その他特別賞与額」については,1995年実勢ならびに1995,1996年の「所定内給与額」の伸び率をもとに推計.
4. 残存率はそれぞれの年齢の労働者の新卒時の人数に対する,現在も卒業以来同一企業で就業している人数の比率.
5. 卒業以来同一企業にて勤務している就業者の人数は「賃金構造基本統計調査」の年齢と勤続年数から推計された人数および労働者計の人数と,「労働力調査」の常用雇用者の人数により推計.

(資料:経済企画庁『国民生活白書 平成9年版』)

雇用者である（総務庁統計局「就業構造基本調査」，1997）．こうした女性労働者の地位の低さ，不安定性は女性労働者の家庭責任に起因するとされるが，そもそも年功賃金制は年齢・勤続年数・家族数などを基礎とする生活給的性格をもち，家族を養う男性労働者を前提としており，したがって女性の賃金を「家計補助的賃金」と位置づける性別賃金格差を内蔵しているシステムである．家族扶養手当や住宅手当なども一般に世帯主となっている男性にのみ給付される．すなわち，年功賃金制は性別分業を基礎とした「近代家族モデル」という共同性の規範のうえに成り立っており，その賃金は夫一人の賃金で家族を養うべきという「家族賃金」を基準にしているシステムである（石田好江，1999，p.14）．したがって，女性の経済的自立を制度的に容認しないシステムなのである．こうした日本型雇用システムの規範は税制や年金制度にも貫かれており，共働き世帯が増大する中で，専業主婦に配慮した配偶者特別控除や第3号被保険者扱い，遺族年金などに矛盾を来していることは周知の通りである．

　1986年施行の男女雇用機会均等法以降，男女別賃金管理を合理化するコース別賃金管理＝複線型賃金管理が導入されたが，家庭責任を負う女性の多くは賃金カーブが「寝ている」コースにつかざるをえなかった．均等法以降，男女賃金格差は1985年の51.8から1998年51.0と縮まるどころか拡大している（企業規模30人以上，パートタイムを含む．労働省「毎月勤労統計調査」）．

　大沢真理は「会社主義」を女性視点から分析し「性別分離こそが，日本会社主義が現代世界の『支配的資本』の座にのしあがり，とめどなく社会を摩滅しているモメンタムの最奥の物質的基盤である」（1992年，p.69）と結論づけている．

　日本型雇用システムは「男は仕事，女は家庭」という性別役割分業を基盤とし，家事・育児・介護をもっぱら女性にのみ担わせることによって，男性労働者を徹底して企業に縛り付けることを可能にした仕組みであり，同時に樋口恵子のいう「新・性別役割分担，夫は仕事，妻は仕事と家事」にみられるように，女性にさらに過重な負担を強いるかたちで，性別役割分業の再固定化の役割を果たしてきたといえよう．

　企業社会における「共同性」とは日本企業に繁栄をもたらすとともに，生活者にも一定の「安定」をもたらしたとはいえ，家庭生活の企業への依存と従属，女性の自立の抑制という限界をはらむものであった．

b．経済のグローバル化と企業社会における「共同性」の揺らぎ
(1) 日本型雇用システムの崩れ

はじめにも述べたように，経済のグローバル化におけるメガ・コンペティション時代の到来は戦後，日本を経済大国に押し上げた「日本的経営」に転換を迫るものであった．1995年に出された日経連の『新時代の「日本的経営」』はこれまでの終身雇用，年功賃金制の大幅な見直しを初めて提言した．主な内容は前述したように，雇用形態は三つのタイプに分け，終身雇用は「長期蓄積能力活用型」にのみ適用，賃金などの処遇制度は年功的昇給制度から能力・業績主義へ移行，裁量労働制の範囲の拡大，労働者派遣業種の拡大，民間職業紹介の推進など雇用の流動化を進め，「高コスト体質」からの脱却を図ろうとするものである．

しかし，こうした雇用の多様化，流動化の動きはすでに進行している．石油ショック以降の日本的雇用慣行の変化を分析している労働省『労働白書 平成10年版』『労働白書 平成11年版』から年功賃金，終身雇用などの動向をみることにしよう．

年功賃金については，図4.2にみるように，1985年以降，次第に年功カーブが寝てきていることがわかる．賃金制度については，労働省「賃金労働時間制度総合調査」によると，年齢・勤続，学歴など属人的要素を含む賃金体系は企業規模が大きいほど比率が高く，1,000人以上規模をみると，1979年以降，ほぼ4割

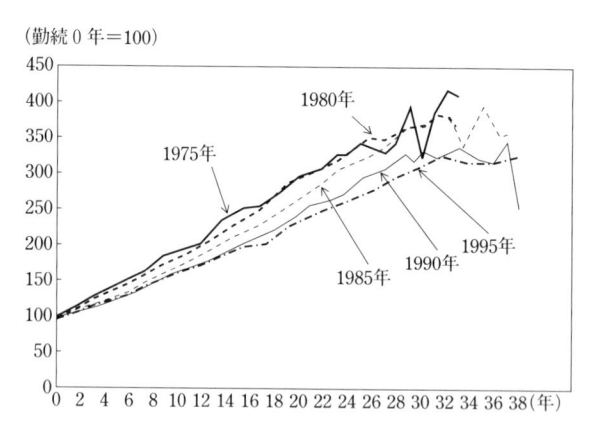

図4.2 標準労働者の賃金プロファイル（大卒ホワイトカラー）
（資料：労働省『労働白書 平成10年版』）

4.1 企業社会の変容と生活者の自立と共同

表 4.1 コーホートでみた勤続年数 (年)

産業計（男性, 高卒）

生年	20～24歳	25～29歳	30～34歳	35～39歳	40～44歳	45～49歳	50～54歳	55～59歳
1934～1938年生まれ	3.1	5.3	9.3	11.8	15.1	17.9	20.7	20.2
39～43	3.1	6.6	9.7	13.0	16.3	19.6	21.8	22.1
44～48	3.3	6.4	9.8	13.1	16.6	19.4	22.3	
49～53	3.3	6.8	9.9	13.3	16.2	19.6		
54～58	3.5	6.5	9.7	12.6	15.7			
59～63	3.2	6.2	9.0	12.2				
64～68	3.2	5.9	9.1					
69～73	3.0	6.1						
74～78	3.3							

1934～38年生まれの20～29歳と1939～43年生まれの20～24歳は学歴計.
(労働省『賃金構造基本統計調査』)
(資料：労働省『労働白書 平成11年版』)

で推移し，1992年に約5割となるが，1996年には大幅に減少し，約3割となっている．一方，能力や仕事内容によって給与を決定する仕事給型は1992年の4.5%から1996年には26.3%に急増しており，近年，賃金制度において仕事・能力給的傾向を強めていることがわかる．

終身雇用の状況については勤続年数や転職率の低さなどで把握することができるが，平均勤続年数は大卒の場合でみると1978年から1998年の20年間に男性は8.8年から11.9年に，女性は4.4年から5.8年と長期化している（労働省，1999, p.103）．しかし，年齢ごとの勤続年数をコーホートでみると，1949年から1953年に生まれた団塊の世代あたりまでは勤続年数の長期化がみられるが，その後の世代では進んでいない（表4.1）．

では，今後の長期雇用慣行のゆくえについて企業はどのように考えているのだろうか．1985年と1998年に日本的雇用慣行について企業を対象とした調査（表4.2）をみると，どの職種も現状では8割の企業が「定年まで雇用・定年後も再雇用」と回答しているが，今後については6割に減少し，「必ずしも定年まででなく出向・転籍」が1割から2割に増加している．長期雇用慣行の今後について，『労働白書』は経営面のグローバル化，少子化，就業形態の多様化，若年層の転職意識などを背景に「緩やかに変化」するとしている．

一方，労働法制の面でも雇用の流動化を促す施策が次々と採られてきた．1987年の労基法改正による40時間労働の法制化（1997年4月完全実施）に伴い，8

表4.2　終身雇用慣行の現状と将来 (%)

職種・年		定年がなく働ける限りは働いてもらう	定年まで雇用・定年後も再雇用	必ずしも定年までででなく出向，転籍	若いうちから独立や転職が多い	その他	計
管理職	1985 現在	9.3	73.5	15.5	—	1.7	100.0
	1998 現在	1.8	79.0	10.7	0.8	7.7	100.0
	今後	1.4	60.9	27.8	2.0	7.8	100.0
専門職	1985 現在	7.4	79.7	9.6	1.3	2.0	100.0
	1998 現在	2.0	79.6	7.8	2.7	8.0	100.0
	今後	2.0	63.8	22.4	4.6	7.3	100.0
現業監督職	1985 現在	5.3	85.1	7.2	1.1	1.3	100.0
	1998 現在	1.6	81.5	7.1	1.7	8.1	100.0
	今後	1.6	65.3	21.5	3.7	7.9	100.0
事務	1985 現在	4.0	89.6	4.5	0.7	1.2	100.0
	1998 現在	1.2	78.0	7.8	2.6	10.4	100.0
	今後	1.2	61.6	21.3	6.3	9.6	100.0
技術・研究	1985 現在	5.8	87.8	4.2	1.1	1.1	100.0
	1998 現在	1.2	79.9	6.8	3.1	9.0	100.0
	今後	1.4	63.7	18.7	7.7	8.6	100.0
営業	1985 現在	4.0	87.9	5.3	5.3	0.7	100.0
	1998 現在	0.9	79.0	7.8	3.8	8.5	100.0
	今後	1.4	62.3	19.8	8.2	8.2	100.0
現業	1985 現在	4.7	86.1	4.7	3.3	1.2	100.0
	1998 現在	1.5	78.9	6.5	4.7	8.4	100.0
	今後	1.5	63.6	17.4	8.9	8.5	100.0

(社)雇用問題研究会「経済社会環境の変化と日本的雇用慣行に関する調査」(労働省委託，1985年)
日本労働研究機構「構造調整下の人事処遇制度と職業意識に関する調査」(1998年)
1) この表は，職種別にみた各企業の終身雇用慣行に対する考え方を示している．
2) 各数値とも，該当する職種がないと回答した企業と「不明」を除いて集計．
3) 「定年まで雇用・定年後も再雇用」は1985年調査では，「原則として定年まで雇用する」としている．
4) 「定年まで雇用・定年後も再雇用」は，「原則として，定年まで雇用してきた，または定年後も一定期間，勤務延長や再雇用で働いてもらう」のこと．
5) 「必ずしも定年まででなく出向，転籍」は，「必ずしも定年まで雇用するということではなく，中高年齢者等について関連会社子会社に出向，転籍もすすめる」のこと．
6) 「若いうちから独立や転職が多い」は，「若いうちから従業員の独立や転職が多いことを前提に人事労務管理を行う」のこと．
7) 職種のうち，「事務」「技術・研究」「営業」「現業」は1985年調査では，それぞれ「一般職(事務)」「一般職(技術・研究)」「一般職(営業)」「一般職(現業)」としている．
(資料：労働省『労働白書 平成10年版』)

時間労働制の弾力化を認める変形労働時間制（1988年4月施行）と働き方や労働時間の管理を労働者自身の裁量に委ねる裁量労働制が導入された．裁量労働制の対象業務は当初（1987年）は研究開発など5業務に限定され，1997年からは11業務に拡大されたが，1998年9月の労基法改正では企画，立案，調査，分析業務が加わり（2000年4月施行），事実上ホワイトカラーに全面的に適用されることとなった．さらに，1998年の労基法改正では，有期契約期間の上限を1年から3年へ延長（1999年4月施行），女性の時間外労働，休日労働，深夜業を禁止した女子保護規定の撤廃（1999年4月施行）などの改定が行われた．1999年6月には労働者派遣法と職業安定法が改正（1999年12月施行）された．改正労働者派遣法ではネガティブリスト方式（適用除外業務のみを列挙する）導入により，適用対象業務がこれまでの事務用機器操作などの26業務から原則自由化となり，また，同一業務の上限派遣期間は1年に制限される．派遣法の改正はこれまでの事務職や販売職などの正規雇用の派遣労働への代替を促すことになろう．東京都『派遣労働に関する実態調査1998—派遣法改正と登録型派遣労働者—』は派遣業が不況を背景に雇用調整の受け皿になっていることを明らかにしている．現在，派遣労働者は約86万人であるが，そのうち8割は身分の不安定な「登録型」でその9割は女性である（労働省，1997）．52年ぶりの職業安定法の改正は民間の有料職業紹介事業の取り扱い職業範囲の拡大を図り，雇用の流動化に対処しようとするものである．こうした一連の労働法制の規制緩和は雇用の流動化・不安定化をいっそう加速化させるとともに日本型雇用システムを揺るがすものでもある．

(2) セーフティネットの自己責任化

終身雇用，年功賃金を内容とする日本型雇用システムはこれまで限界をもちながらもセーフティネットとしての一定の役割を果たしてきた．しかし，すでにみてきたように，日本型雇用慣行の変化は不可避であり，こうした変化に柔軟に対応していくために，『労働白書 平成10年版』は「企業中心のライフスタイルの転換」の必要を提言し，労働者の働き方も「従来の画一的・集団的なものから個人個人の置かれた状況，意識，将来設計，能力などに応じて自ら選択し，かつ自律的に働くものへと変えていく必要がある」（労働省，1998, p.5）として労働と生活の自己責任を強調している．『労働白書 平成11年版』も長期雇用慣行の

変化への対応の課題として，①エンプロイアビリティの向上の重視，②職業紹介システムの整備や労働移動を容易にするための企業年金制度や退職金，福利厚生制度の見直しなど，労働市場の整備，③雇用保険制度や職業紹介制度の整備，職業訓練の充実などの雇用におけるセーフティネットの整備，④新規産業の育成，既存企業の新規展開の促進などによる雇用の創出，⑤パートタイム労働者や派遣労働者など多様なタイプの労働者についての労働市場の整備，労働条件の改善をあげている（労働省，1999，pp. 246-248）．しかし，もっぱら強調されているのはエンプロイアビリティの向上と関わって職業能力開発に対する自己啓発の重要性である．「一律に企業内で行われる職業能力開発ではなく，個人個人が自らが職業生涯設計に基づき自律的に努力することによって職業能力の多様性が確保され，全体としての柔軟性が保てることになろう」（労働省，1999，p. 253）としている．自律的努力が重要であることは否定できないが，それを支えるセーフティネットの構築については必ずしも具体策は示されていない．生活の自己責任化が進行するなか，セーフティネットの整備こそ緊急の課題であろう．

(3) 企業社会の崩壊と女性の自立

男性を主たる家計維持者とする企業社会において，企業社会の崩壊は女性にとって自立の契機になりうる．しかし，現在の雇用の流動化，就業形態の多様化が進展するなかで，女性労働の状態はきびしさを増している．長時間労働や不規則な労働を強いる変形労働時間制や裁量労働制の拡大は8時間労働制をなし崩しにするものであるが，こうした状況のもとでは，家事・育児の責任を担う，特に女性はパート，アルバイト，派遣労働などの，有期雇用，時間給，退職金・年金なしの「雇用柔軟型」を選択せざるをえず，賃金・雇用の男女格差はさらに拡大することになる．対象業務の専門職枠をはずし，原則自由化する労働者派遣法の改正は雇用の多様化をいっそう促すことになるが，性別役割分業が変わらない限り，雇用の多様化は女性においてより顕著に進展するであろう．総務庁「労働力調査特別調査」によれば，1998年2月時の女性雇用者は2,028万人で，前年より14万人の増加であるが，このうち，正規の職員・従業員は前年に比べ14万人減少して1,158万人（57%），パート・アルバイトは前年比32万人増の791万人（39%），嘱託・その他が8万人減の78万人（0.5%）と，「非正規」の増加が著しい．「女性の雇用の多様化は『正規』の職を追われ，値切られ，短く刻まれる

ことの裏返し」(朝日新聞, 1999 年 10 月 24 日) である．現状の雇用の流動化，多様化は女性労働者の低賃金・不安定雇用化を意味し，女性の経済的自立を妨げるものである．こうした女性を低賃金の職務や雇用形態に押し込める構造のもとで，男女の賃金格差，低賃金を是正するのに有効な手段はペイ・エクィティ (同一価値労働同一賃金原則) の適用であろう．「ILO 100 号条約に象徴される同一労働に従事する男女労働者に同一賃金を支払うこと，さらにジェンダーに平等な職務評価によって同一価値労働に従事する男女労働者に同一賃金を支払うことは，今日の国際基準である」(森ます美，1998, p. 191).

c. 男女労働者の自立と共同の新しい枠組みの構築に向けて

性別役割分業を基盤として，生活の全面にわたる企業への依存，従属を特徴とする企業社会は一面で生活の「安定」を保障するものであったが，個の自己決定権，とりわけ女性の自己決定権の犠牲のうえに成り立っている「安定」であった．一方企業にとって，これまで企業社会の「共同性」は高い生産性を保障するものであったが，経済のグローバル化をはじめとした社会経済の変化のもとで，コスト高となるその「共同性」を放棄しようとしている．雇用・賃金の市場化，個人化，自己責任化が進行しているとき，新しい共同の枠組みを構築することは，今日，緊要な課題であろう．企業社会という「共同性」の崩壊が避けられないとすれば，構築すべき新たな共同の枠組みとはどのようなものであろうか．

求められる共同性とは依存や従属を前提とした「共同性」ではなく，個の自立・自己決定権の確保，男女の平等性，公平性の確保を前提とした共同性であろう (石田好江, 1999, p. 16). この新しい共同を構築するための条件は第一に性別役割分業の解消である．男女ともに経済的に自立し，ともに家庭責任を負う関係を築くことである．第二は労働と生活の場における男女平等を達成すること．第三は個人を単位としたセーフティネットの構築である．日本型雇用システム，年功賃金制の解体は男性が家族を養うことを前提とした世帯賃金から個人単位の賃金に移行することを意味するが，そのねらいは「男性賃金の削減と女性の低賃金労働者化」(木下武男，1999, p. 154) である．一方，性別役割分業から脱却するうえでも個人単位賃金の確立は目ざすべき方向であるが，この場合，個人が自立して生活できる賃金水準であることと，個人の自立を支えるセーフティネッ

トが構築されていることが前提となろう．第四は生活者の自立と共同を守る生活者自身の主体性とネットワークの形成である． (川島美保)

文　献

石田好江, 1999,「雇用構造の変化と生活経営—その自己決定権と共同性をめぐって—」,『生活経営学研究』No. 34

大沢真理, 1992,「現代日本社会と女性—労働・家族・地域—」,『現代日本社会 6. 問題の諸相』東京大学出版会

木下武男, 1999,『日本人の賃金』平凡社

経済企画庁編, 1997,『国民生活白書 平成 9 年版』大蔵省印刷局

高橋祐吉, 1994,『労働者のライフサイクルと企業社会』労働科学研究所出版部

東京都労働経済局, 1999,『派遣労働に関する実態調査 1998』

日本経営者団体連盟, 1995,『新時代の「日本的経営」—挑戦すべき方向とその具体策—』

広渡清吾, 1992,「いま，何が問題か」,『現代日本社会 6. 問題の諸相』東京大学出版会

森ます美, 1998,「破壊される女性正規労働者の雇用と賃金」,『労働ビックバンと女の仕事・賃金』青木書店

労働省編, 1997,『労働者派遣事業報告の集計結果』

労働省編, 1998,『労働白書 平成 10 年版』日本労働研究機構

労働省編, 1999,『労働白書 平成 11 年版』日本労働研究機構

コラム 6

企業社会

「企業社会」には広狭の二義があり，狭義には，昇進，昇給，福利厚生，教育訓練などの雇用システムによって形成される日本特有の企業コミュニティをさすが，広義には，その企業内部の構造が社会全体に浸透することによって形成される政治経済の構造的特質をいう．言い換えれば，狭義の「企業社会」の構造が社会全体を覆い，その影響が経済だけでなく，政治，教育，家族にも及び，現代日本社会の構造を規定しているととらえるものである．1990 年代に入り，内からは「会社人間」化への批判として，外からは株式の相互持ち合い，企業系列，長期的な取引関係などにみられる日本の閉鎖性，不公平性への批判として，日本的経営が問題にされ始めたことから，「企業社会」は現代日本の構造を把握するうえで欠くことのできない視角として注目されるようになった．「会社（本位）主義」「企業中心社会」なども表現は異なるが「企業社会」とほぼ同じ概念で使われている． (石田好江)

4.2 福利厚生施策と生活者の自立と共同

　企業の福利厚生とは，一般に，企業が従業員とその家族などに対して提供する賃金以外の給付やサービスをいい，その内容は，大きく法定福利とそれ以外の福利厚生とに分けられる．本節では，社会保険制度に強制的に組み込まれている法定福利を除外して，企業の自由裁量に任されている法定福利以外の福利厚生施策を考察の対象としたい．

　これまで企業の福利厚生施策は企業の労務管理の一環として，労働者の企業への高いコミットメントやモラールを引き出す重要な役割を果たしてきたが，同時に，労働者にとっても生活にビルトインされたセーフティネットとして不可欠のものであった．その福利厚生施策が今企業社会の変化のなかで変容を迫られている．ここでは，企業の福利厚生施策の変容が生活者の自立にどのような影響を与えるのか，また福利厚生施策が縮小や崩壊したならば，それに代わる新たな共同の枠組みはどのようなものになるのかについて検討してみたい．

表4.3　福利厚生費の現状（日経連調査・1997年）

項目	従業員1人 1カ月額	構成比 (%)		対前年度 伸び率 (%)
現金給与総額	541,209			−0.2
福利厚生関連費	148,573	100.0		
法定福利費	62,896	42.3	100.0	2.7
健康保険	21,076	14.2	33.5	2.5
厚生年金保険	34,238	23.0	54.4	3.3
雇用保険	4,320	2.9	6.9	0.0
その他	3,262	2.2	5.2	5.0
法定外福利費	28,932	19.5	100.0	−2.8
住宅	15,432	10.4	53.3	−4.2
医療・保健	2,090	1.4	7.2	0.8
生活援助	4,540	3.1	15.7	2.5
慶弔・共済・保険	1,924	1.3	6.7	−10.2
文化・体育・レク	2,599	1.7	9.0	−2.4
その他	2,347	1.6	8.1	0.6
退職費用（一時金・年金）	56,745	38.2		17.5

　注）調査対象は企業規模1,000人以上が79%と大規模企業が多いこと，製造業の比率が53%と高いことに特徴がある．
　（資料：日本経営者団体連盟『平成9年度 福利厚生費調査結果報告』）

表4.4 福利厚生費の現状（労働省調査・1995年）

項目	従業員1人 1カ月額(M)	構成比（％）	
現金給与総額	400,649		
福利厚生関連費	79,314	100.0	
法定福利費	42,860	54.0	100.0
健康保険	13,739	17.3	32.1
厚生年金保険	22,575	28.5	52.7
雇用保険	3,000	3.8	7.0
その他	3,546	4.4	8.2
法定外福利	13,682	17.3	100.0
住宅	6,300	8.0	46.3
医療・保健	760	1.0	5.6
食事	1,456	1.8	10.6
慶弔・共済・保険	1,610	2.0	11.8
文化・体育・レク	1,179	1.5	8.6
その他	2,347	3.0	17.1
退職費用（一時金・年金）	20,565	25.9	
現物給付	2,207	2.8	

　毎回調査項目が違うため，労働費用，福利厚生費の調査は1995年が最新．
（資料：労働省『平成7年度 賃金・労働時間制度等総合調査』）

表4.5 福利厚生費の対前年度伸び率，対現金給与総額比率の推移（％）

年	対前年度伸び率				対現金給与総額比率		
	現金給与 総額	法　定 福利費	法定外 福利費	退職 費用	法　定 福利費	法定外 福利費	退職 費用
1989	6.6	9.2	8.3		9.4	5.0	8.0
1990	3.4	11.1	10.0	−3.0	10.1	5.4	7.6
1991	2.1	2.6	5.2	17.3	10.1	5.5	8.7
1992	1.7	1.8	4.1	−13.8	10.1	5.7	7.4
1993	0.0	0.4	0.7	3.5	10.2	5.7	7.6
1994	2.5	4.5	1.2	12.4	10.4	5.6	8.4
1995	2.4	10.1	2.1	5.7	11.2	5.6	8.6
1996	3.2	4.4	0.9	6.5	11.3	5.5	8.9
1997	−0.2	2.7	−2.8	17.5	11.6	5.3	10.5

（資料：日本経営者団体連盟『平成9年度 福利厚生費調査結果報告』）

a．企業の福利厚生の現状

　表4.3，4.4は「現金給与以外の労働費用」を「法定福利費」「法定外福利費」「退職金等の費用」「その他」（労働省調査のみ）に分け，整理したもである．こ

れをみると，①社会保険料の事業主負担である「法定福利費」が，「現金給与以外の労働費用」の半分を占めていること，②「法定福利費」を除いた部分の半分を，「退職金等の費用」が占めていること，③「法定外福利費」のうちでは，「住宅に関する費用」が約半分を占めている，といった特徴が指摘できる．

さらに，福利厚生費の推移をみてみると（表4.5），労働費用全体に占める「現金給与以外の労働費用」の割合が上昇してきていること，また，それを押し上げている要因が，「法定福利費」と「退職金等の費用」の上昇にあることがわかる．

b．福利厚生施策の労務管理機能と社会保障補完機能

企業の福利厚生は，明治期，繊維産業や鉱業の発展とともに，労務管理の一環として登場してきた．食事援助，社宅・寄宿舎，強制貯蓄，購買などがその内容であるが，当時の労働強化や低賃金維持のために機能したものとみられる．戦後もこの機能は引き継がれ，労働力確保や能力開発といった人的資源投資や，労使間，従業員間の良好な関係維持など，企業の福利厚生は長期雇用を前提とした労務管理の一環として位置づけられてきた．

しかし，現在の企業の福利厚生をみると，その機能は伝統的な労務管理機能にとどまらない．いうまでもなく「法定福利」は社会保険の一部を担っているわけであるが，企業の裁量に任されている法定福利以外の福利厚生部分についても，社会保障を代行・補完するというもう一つの機能が期待されている．

例えば退職金制度であるが，戦前から設けられていたこの制度が社会保障とトレードオフの関係にあることが明らかになるのが，1952年に始まる厚生年金制度の再建と整備，同年の「退職金引当制度」の導入である．1954年に制定された厚生年金法が保険料率と年金支給額を抑制したものであるのに対して，退職金制度については退職金資金の一定限度内での損金参入を認めるという優遇制度が導入され，促進がはかられている（山崎広明，1985）．さらに，1962年には「適格年金制度」が，1965年には「厚生年金基金」が制定され，税制上の優遇措置を設けることによって企業による老後の生活保障制度の拡充を目ざす，退職金の事前積立方式である企業年金への転換が進められてきた．いずれにしても，退職金制度（退職一時金・企業年金）は，公的な年金財政の危機がいわれる今日，公

的年金を補完するものとして期待されていることは確かである.

同様のことは,社宅や住宅資金融資など企業の住宅関連制度についてもいえる.戦前は労務管理の一環であった企業の住宅施策が,戦時中,政府が社宅建設を奨励することでその性格を変えてくる(新開保彦,1997).戦後も,企業が福利厚生として実施する社宅の提供や低利の住宅資金融資は,公的賃貸住宅や住宅金融公庫の融資と競合して進められてきた.戦後の住宅政策が持ち家主義の方向で決定づけられるなか,低水準の公的賃貸住宅供給を補完するものとして社宅は重要な役割を果たしてきたのである.

c. 企業の福利厚生施策と生活者の自立
(1) 生活格差をもたらす企業の福利厚生施策

福利厚生は労務管理機能の観点からすれば,企業の資金力によって格差が生じるのは当然である.しかし,その一方で,社会保障の補完として生活保障の一端を担うものとしては一定の公平性が確保されることも期待されている.現状をみると,企業の福利厚生の恩恵を受ける者と受けない者との大きな格差はもとより,福利厚生に対する税制上の優遇措置がその格差をさらに拡大させるという実態がみられる.

表4.6は福利厚生費の企業規模格差をみたものである.「法定福利費」は格差が小さいのに対して,「法定外福利費」と「退職金等の費用」の格差は著しい.30~99人規模企業の一人当たりの金額は,5,000人以上規模の企業の3割にすぎない.福利厚生の企業規模格差は現金給与額の格差以上に大きなものになっている.

法定外福利厚生の最も大きな部分を占める住宅関連施策についても,社宅のある企業は従業員1,000人以上規模の企業では9割あるのに対し,30~99人規模

表4.6 福利厚生関連費用の企業規模間格差(%)

	現金給与総額	法定福利費	法定外福利費	退職費用
5,000人以上	100.0	100.0	100.0	100.0
1,000~4,999人	87.6	86.5	73.9	70.0
300~999人	77.6	81.0	48.0	52.1
100~299人	70.0	74.7	34.2	42.2
30~99人	64.4	72.4	29.3	31.4

従業員5,000人以上の規模層を100としたときの他の割合を示す.
(資料:労働省『平成7年度 賃金・労働時間制度等総合調査』)

の企業では3割,住宅資金融資制度のある企業は従業員規模5,000人以上の企業では9割以上あるのに対し,30～99人規模の企業では1割にすぎない.また,社宅・寮の利用者と非利用者(住居形態別)の金融資産残高,本人年収,世帯年収格差を調べたところ,利用者を100とした場合,最も格差の大きかった「賃貸・集合住宅」居住層は,同年齢層でありながら,金融資産残高で6割,本人年収で7割,世帯年収8割と低い水準であった(西久保浩二,1998).社宅を利用できたかどうかが,資産形成に大きく影響していることがここから推測できる.市場家賃と比べきわめて低い社宅家賃は,利用者に大きな実質所得を与えることであり,社会的公正を欠くものである.

企業規模間格差に基づく厚生福利の利用者,非利用者間の不公平問題と並んで,税制上の不公平問題も存在する.例えば退職金制度の場合,現金給与には累進課税が適用されているのに対し,退職金(一時金,企業年金とも)にはごく低い実効税率が課されるだけであるため,退職金水準が高いほど優遇税制の受益度が高くなる(木村陽子,1988).もともとある支給額の格差を,税制がいっそう拡大させているわけで,退職金税制は税制による所得再分配機能を歪めているものといえよう.企業の住宅関連施策についても,現金支給の形態をとる住宅手当には課税するのに対し,社宅などは非課税扱いである点で税の中立性を欠いている.

(2) 奪われてきた個の独立性

労働者に対する長期にわたる雇用機会と所得を保障する日本的雇用システムは,労働者の企業への高いコミットメント,長期勤続志向,高いモラールを生み,日本企業の強さとして評価されてきた.しかし,労働者の側にとってその内容は,環境の変動に応じて柔軟に,弾力的に働くことができる「潜在能力」の開発と発揮に応えるために,私生活より残業や自己啓発を優先させること,高いハードルに挑戦する体力や精神力も保持することが要請されるきびしいものでもある.熊沢誠(1997)は,高度なフレキシビリティへの適応能力に接続されたもう一つのこの日本的「能力」を「生活態度としての能力」と名づけている.会社という組織に自己を没入させて働く人間像を「会社人間」「企業戦士」と呼ぶが,そこには自己の労働力の私的所有者としての「独立性」はない.

では,企業の福利厚生は,労働者の「会社人間」化にどのような役割を果たしているのであろうか.西久保は,生命保険文化センターの「就業意識に関する意

識調査」(1993年)をもとに福利厚生施策の貢献度を分析した結果,企業の福利厚生施策は従業員の「満足度の形成に対して消極的な立場から貢献するものであって,不満を回避し,他の動機付け的要因による満足の形成のための基礎をつくるものではなかろうか」(西久保,1998,p.74)と述べている.確かに,福利厚生は直接に労働者の意識形成に貢献するものではないかもしれないが,果たして「消極的な立場から貢献するもの」などであろうか.金子勝は,企業内部での個の「独立性」の喪失感を埋めるために,「企業戦士にとって,マイホームと私的空間,そしてマイホームを起点とする消費社会における自己決定権の領域が不可欠となる」(金子,1997,p.138)と述べ,そのマイホームと私的空間を提供するのがフレンジベネフィット(企業の福利厚生施策)であると指摘する.労働者は企業社会から隔絶された私的空間を獲得するために,ますます企業に忠誠を尽くさなければならないわけで,福利厚生は日本の労務管理施策のなかで積極的な役割を果たしてきたのである.

木本喜美子は,企業社会と家族・生活との相互浸透性に注目し,その相互浸透過程とそこでの福利厚生の役割について,トヨタ自動車における調査をもとに分析している.健康,消費,貯蓄,子どもの教育,持ち家,老後に至るきめの細かいトヨタ自動車の福利厚生施策のなかでも,とりわけ30歳前後という早い時期に持ち家取得を可能にする住宅資金積立制度と貸付制度は,「昇進＝昇給競争への主体的参入への構えを自己調達させるうえで,有効なものとして機能することになる」(木本,1995,p.183).木本はさらに,福利厚生の役割は企業の従業員である夫にとどまらず,家族全体を企業社会に組み込むことに貢献していると述べる.調査によれば,二交替,三交替で働く夫の「不在の常態化」に対して,家族からの不満の声はないという.これは夫・父親の不在に慣れきってしまっているというよりも,「こうした夫・父親不在の状態こそが,相対的な高賃金を保障することになるとして,妻も子どももこれを受容している」のである.持ち家促進制度をはじめとする大企業の豊かな福利厚生は,労働者本人や家族が,その生活をきびしい労働や夫・父親不在の常態化とバランスさせることに大きく貢献しているのである.

d. 企業社会の変化と企業の福利厚生施策の変容
(1) 企業社会の変化

　企業の福利厚生施策を支えてきた基盤である企業社会が変わろうとしている．その特徴を一言で表すとするならば「雇用の流動化」といえよう．今現れている状況が，雇用の安定性を誇ってきた日本的雇用システムの「構造的」な変化であるといいきれるかどうかはむずかしいが，雇用調整の規模や失業率がこれまでにないものであること，1995年から1998年の4年間に増加した雇用者187万人のうち92％はパートタイム労働者や派遣労働者といった非正規雇用者であることなど，現在進行している状況は単にコスト削減にとどまるものではないように思われる．現在盛んに企業で取り組まれている人事制度の見直し作業をみても，従来の職能資格制度に基づく「能力」主義から，職務給制度を取り入れた「業績・成果」主義へと移行させている．これは，日本的雇用システムの最大の特徴である内部のフレキシビリティを放棄するものであって，現在の制度変更がさらに「構造」転換へ向かう可能性を含んでいるものとみることができる．この動きは当然企業の福利厚生施策にも影響を与えており，後に紹介する福利厚生の再構築の事例はいずれも雇用の流動化を前提にしたものになっている．

　日経連が1995年に「新時代の日本的経営—挑戦すべき方向と具体策」という提言を発表し，当面の日本的雇用システムの変革の方向を示している．そのなかでは，雇用者を，長期継続雇用を前提とする「長期蓄積能力活用型」，必ずしも長期継続雇用を前提としない「高度専門能力活用型」，流動的な労働力としての「雇用柔軟型」の三グループに分類し，それぞれ適した処遇を行うことが提言されている．これをみると，当面目ざすべき方向は日本的雇用システムの全面的な放棄ではなく，日本的雇用システムの及ぶ範囲をできる限り小さくしようというところにあることがわかる．福利厚生施策についても，従来の「生涯総合施策」の対象は長期蓄積能力活用型グループだけで，他の流動的な雇用グループに対しては「生活援助施策」という軽い短期的な施策とされている．

(2) 企業の福利厚生施策の変容
i) 福利厚生の社会保障補完機能の縮小　企業社会の変化は企業の福利厚生施策にも影響を与え始めている．それが端的に現れているのが退職金・企業年金制度の見直しと確定拠出型年金の導入である．2000年の秋の導入をめざして現

在検討が進んでいる確定拠出型年金は，毎月一定の掛け金を積み立てその運用成績に応じて年金を受け取る私的年金で，掛け金を何で運用するかは複数の選択肢から本人が決め，したがって運用リスクも加入者本人が負う仕組みになっている．拠出は，企業の従業員は企業拠出型（企業が一定の拠出金を従業員の口座に振り込む）を，自営業者は個人拠出型をとる．また掛け金や運用益が非課税になる優遇税制や，自分の年金積立金を転職先に移すこともできる利点もある．要するに確定拠出型年金は，今後予定されている公的年金の給付の引き下げと引き替えに，不足する公的年金の給付額を，企業と国民，とりわけ後者の自己責任と自己努力で補うことを目的に導入されたシステムといえる．

また，この制度は既存の企業年金の資金を個人に分配し，確定拠出型へ移行することを認めているため，企業年金や退職金制度をもつ企業に大きなメリットをもたらす．これまでわが国の企業年金制度は確定給付方式を採用しているため，一定の給付を維持しようとすると近年のような運用環境の悪化や企業業績の低迷のもとでは財政が悪化し，積立金不足を補うために企業は大きな負担を負うことになる．それに対して確定拠出型は決まった額の拠出金を負担するだけで済み，運用リスクを負うこともなく企業の負担は軽くなる．これまで退職金制度や住宅関連制度を通じて社会保障制度を補完してきた企業の福利厚生は，いまやその一部を労働者の責任に移すことによって，その機能を縮小させてきているのである．

ii) **福利厚生の労務管理機能の低下** 導入予定の確定拠出型年金（企業拠出型）が労働移動に対して中立的であるように，従業員の長期勤続と定着率を高めることを前提としたこれまでの企業の福利厚生施策が大きく変化しつつある．生命保険文化センターが実施した「企業の福利厚生制度に関する調査」(1995)によれば，「福利厚生の再構築を実施している・検討している」企業は，全体の21.9％で，この数字だけみると福利厚生制度の変化は乏しいように思えるが，退職金はじめ福利厚生費負担の大きい大企業では制度の見直しに積極的であり，同じ調査で，企業規模1,000人以上では「福利厚生の再構築を実施・検討している」が6割になっている．また，「退職金や福利厚生の賃金化」（福利厚生費用を個人別の現金給与として支払う）といった大幅な改革についても，大企業では「導入を検討している」ところが15％にのぼり，導入に消極的な回答は28％にすぎなかった（生命保険文化センター『企業経営と企業福利の今後に関する調

査』1998).

まだ数は少ないものの，福利厚生施策の転換期を象徴する試みが始まっている．代表的なものの一つが松下電器やリクルートの福利厚生からの撤退を意味する福利厚生の賃金化であり，もう一つが従業員の選択を重視するとともに，全体の福利厚生費を抑制することを目的に開発されたカフェテリアプランと呼ばれる方式である．

① 福利厚生からの撤退・賃金化　松下電器が導入した「全額給与支払い制度」は，1998年4月以降の新卒および中途採用入社者を対象としたもので，福利厚生すべてを現金給与化するコースと福利厚生制度は通常の適用を受け，退職金相当分だけ現金給与とするコースの2種類を選択できる制度である．リクルートの場合は，住宅補助や家族手当など生活基盤の保障を廃止し賞与や成果貢献給へ還元するとともに，社員の自己啓発やキャリア形成支援などの福利厚生は拡充するという大幅な福利厚生のスクラップ・アンド・ビルドである．ここでは福利厚生のもつ日本的な労務管理機能は完全に放棄されており，雇用の流動化を前提にした従業員個人の能力開発を重視した労務管理に転換されている．

② 従業員選択型給付（カフェテリアプラン）　カフェテリアプランは，1995年にベネッセ・コーポレーションがわが国に初めて導入して以降注目を集めている制度で，厚生省も研究会をつくり導入を進めている．現在10社前後が導入しているといわれている．具体的には，企業は従業員に対して一定の期間に使用可能なクレジット（ポイント）を与え，従業員は企業が提示したメニューからポイント内で利用するという形式をとる．企業にとっては従業員1人当たりの額が決められるためコストをコントロールできるという利点がある．また従業員にとっても自分に必要な制度を集中的に利用でき，公平性も保たれるという点で満足度が高い．

e．企業の福利厚生施策の変容と生活者の自立と共同

大幅な事業のリストラクチュアリングや人事・賃金の改革のなかにあっては，いくつかの先駆的な事例を除いて，福利厚生の改革は今のところ部分的な縮小や修正にとどまっている．しかし，人事・賃金の改革の方向と福利厚生の動きが一致しないわけはなく，福利厚生施策も転換期にさしかかりつつあることは確かで

ある．その方向は，金額と内容の縮小から，雇用の流動化を前提に福利厚生施策の及ぶ従業員の範囲の縮小，あるいは福利厚生の賃金化・福利厚生からの撤退へと進むであろう．福利厚生の及ぶ範囲の縮小か賃金化・撤退かは，まさに「日本的経営」を残すか，あるいは放棄するかといった経営の方向性にかかっている．

いずれにしても，福利厚生におけるこのような変化は，雇用者・生活者にとってアンビバレントな二つの側面を伴って現れることは事実である．一つは，福利厚生の縮小や賃金化・撤退は，企業が福利厚生として提供してきたセーフティネットが崩壊することであるから，その分個人の責任が重くなるという側面である．また，もともと格差のある制度であるところへもってきて，福利厚生の及ぶ範囲が縮小すると，その恩恵に預かる者と預かれない者との格差はいっそう拡大することになり，大多数に該当する後者は，自己責任で生活保障を確保せざるをえなくなる．

もう一つの側面は，企業の福利厚生の縮小や撤退は企業にとっては労務管理機能の低下，弛緩であるが，労働者にとっては企業の福利厚生を介して企業社会に組み込まれ，奪われてきた個の独立性を取り戻す機会でもある．その点は，事例でみたような福利厚生の再構築において，退職金や生活基盤保障に象徴されるような長期勤続を前提とした企業と雇用者との相互依存的な関係が排除され，「契約」「選択」といった企業と雇用者との自立した関係が前提とされていることでもわかる．

このような二つの側面に対して，労働者の側はどういう反応であろうか．生命保険文化センター「企業の福利厚生と社会保障に関する従業員の意識調査」(1998)によれば，福利厚生制度を縮小・廃止し，その費用を賃金化すること（その分給与・賞与を増額）に賛成する者は40%，退職金制度を縮小・廃止し，賃金化することに賛成する者は37%にとどまっている．しかも手厚い福利厚生を受けている大企業の従業員ほど賃金化要求は低い．この結果は，今ある福利厚生というセーフティネットが崩壊することへの不安とともに，福利厚生制度が廃止されることには納得してもそれに代わる別のセーフティネットが用意されていないことへの不安があることを示している．個の自立や独立性は一定のセーフティネットがあって初めて可能なのであって，それもなくリスクのすべてを自己の責任において負わなければならないところでは，個として自立した自己決定はな

しえない．企業が提供してきた福利厚生というセーフティネットが機能不全に陥り，崩壊することが時代の必至の流れであるならば，それに代わって高まるリスクや不安を引き受けるセーフティネットが必要である．その場合の生活者の自立を支える基本的なセーフティネットを用意するのは行政の役割であろう．

しかし，「企業社会」（その一つの柱である福利厚生）が機能不全に陥っているのと同様に，強力な「福祉国家」もまた機能不全に陥っている．つまり，全人格的，恒常的な企業の福利厚生が機能不全に陥っているように，画一的，温情的な社会保障制度も機能不全に陥りつつある．そうであるならば，それに代わる多元的で，自発的な新たな共同とそれに支えられたセーフティネットが必要になってくる．個を覆ってきた制度が崩壊しようとする今は，個の自立・独立性を問う好機であるとともに，新たな共同をいかにつくるかが生活者として問われているときでもある．

おわりに

企業の福利厚生施策は，一方では，社会保障制度を補完するものとして労働者の生活にビルトインされたセーフティネットの役割を果たしてきたが，もう一方では，福利厚生の恩恵を受ける者と受けない者との間に大きな格差を生み出し，また「会社人間」と呼ばれるような個の独立性を奪う生活者の自立を阻害するものでもあった．今企業はその福利厚生を縮小したり，そこから撤退するなどの行動をとり始め，社会保障の補完機能とともに，その優れた労務管理機能をも手放そうとしている．機能不全に陥った制度が崩壊するのは時代の必至の流れであるが，そうであるならば，それに代わる新たな枠組みが必要である．それは，一つには行政の役割として用意される基本となるセーフティネットであり，もう一つは生活者自身による多元的で，自発的な新たな共同である．　　　　　（石田好江）

文　献

金子　勝, 1997,『市場と制度の政治経済学』東京大学出版会
木村陽子, 1988,「退職金課税の租税優遇措置について」,『季刊社会保障研究』Vol. 24, No. 3
木本喜美子, 1995,『家族・ジェンダー・企業社会』ミネルヴァ書房
桐木逸朗編, 1998,『変化する企業福祉システム』第一書林
熊沢　誠, 1997,『能力主義と企業社会』岩波新書

日本労働研究機構，1995,「特集 福祉厚生の新潮流」,『日本労働研究雑誌』No. 429
日本家政学会生活経営学部会，1999,「ワークショップB 雇用・社会構造の変化と生活経営」,『生活経営学研究』No. 34
西久保浩二，1998,『日本型福利厚生の再構築』社会経済生産性本部
シニアプラン開発機構，1996,『日本型カフェテリアプランの実際』ぎょうせい
新開保彦，1997,「公共政策としての社宅制度の分析」藤田至孝ほか編『企業内福祉と社会保障』東京大学出版会
橘木俊詔編，1994,『ライフサイクルと所得保障』NTT出版
山崎広明，1988,「日本における老齢年金制度の展開過程―厚生年金制度を中心として―」東京大学社会科学研究所編『転換期の福祉国家（下）』東京大学出版会

4.3 年金制度と生活者の自立と共同

　急速な少子・高齢化の進展，経済の低成長などわが国の社会環境は大きく変化し，社会保障，社会福祉政策は，大きな転換期を迎えている．老後の所得保障をどこに求めるかという問題も，「福祉ミックス」時代の流れを受け，多元化の方向にある．本節は，老後の生活を支える年金制度について，公私の役割分担，生活者を取り巻く年金問題，そして年金改革の方向性と生活への影響を中心に検討する．

a．公的年金制度の仕組みと役割
(1) 公的年金制度の仕組み

　現在，公的年金制度は，20歳以上の国民は強制加入とされ，職種により加入する制度が異なっている．自営業者，農業・漁業者，学生などは第1号被保険者として国民年金に加入し，民間サラリーマン，公務員などは第2号被保険者として厚生年金保険，共済組合に加入する．そして，民間サラリーマンなどの被扶養配偶者は，第3号被保険者として国民年金に加入している．

(2) 公的年金制度の役割

　かつては，老後の所得保障は，子どもによる経済的な扶養や自らの貯蓄を取り崩して賄うことが一般的であった．しかし，家族の扶養意識の変化や，寿命の不確実性による限界（長寿化によって，寿命がつきる前に貯蓄が底をつく）などの問題に対処するために，社会全体の現役世代が高齢者を支える「世代間扶養」で

ある公的年金制度が，社会保障制度の主軸として先進諸国で発展してきた．

公的年金制度が民間保険ではなく，社会保険で運営しなければならない理由は以下の通りである．第一に，民間保険では避けられない「逆選択（保険で得をすると判断した者しか加入しない）」「クリームスキミング（保険会社が選別した者しか加入できない）」を排除するため，国民全員を強制加入させ，年齢や健康状態などにかかわらず平等な保険料負担をとっている．

第二に，所得再分配の機能があげられる．公的年金制度は社会保障制度として，高額所得者からより多くの保険料を徴収し，必要に応じた給付をすることから，低所得者に配慮した制度設計となっている．

第三に，インフレなどの経済変動への対応があげられる．公的年金制度は，物価の上昇に対応する物価スライド制，現役世代の賃金水準とリンクする賃金スライド制を採用しており，不測の経済変動に対応することができ，生涯にわたって実質価値を維持することができる．しかし，民間保険ではこうした経済変動への対応はできず，加入時の契約した額を給付するのみである．

最後に，公的年金制度が終身年金かつ，遺族や障害というリスクにも対応している点である．また，老後生活に必要な貯蓄を国家が国民に強制的に行わせる，転職しても権利を引き継ぐことができるなどの利点もあげられる．

b. 老後の所得保障の多元化と生活者の自立と共同

1999年4月現在の年金額（月額）は，老齢基礎年金が67,017円で，老齢厚生年金（男性）が238,150円である．しかし，この額は40年の加入期間を満たした「モデル年金」にすぎず，実際の平均給付額はこれより低い．

厚生省の『平成10年 国民生活基礎調査』によれば，高齢者世帯における平均所得に占める割合は，公的年金・恩給が78.9%となっている．また，公的年金・恩給の総所得に占める割合別世帯数の構成割合をみると，公的年金・恩給が総所得の100%という世帯が58.0%と，今や公的年金制度は老後の所得保障として欠かせない柱となっている．

また，1998年の総理府「公的年金に関する世論調査」では，老後の生活設計について「ほぼ全面的に公的年金に頼る（21.8%）」「公的年金を中心とし，これに個人年金や貯蓄などの自助努力を組み合わせる（51.8%）」と7割近い人びと

が，公的年金を中心に老後生活を考えていることが明らかにされている．ところが，老後生活のすべてを公的年金で賄うことは期待できなくなっている．「公助」としての公的年金制度の範囲は，あくまでも老後の経済生活の基礎部分であり，より豊かな自立した生活を送るには，「自助」努力が必要不可欠である．郵政省（1993）によると，老後生活に最低必要と考える生活費の平均月額は25.8万円であるのに対し，豊かな老後に必要と考える生活費の平均額は36.6万円で，公的年金の給付額だけで老後の生活は支えきれないことが明らかになっている．そして，人びとの意識も「自助」を重んじる方向に変化してきている．先述の総理府の調査では，若年者ほど「公的年金にはなるべく依存せず，できるだけ個人年金や貯蓄などの自助努力を中心に考える」と答える割合が高くなっている．

こうした生命保険，個人年金，財形貯蓄，企業年金などの「自助努力」は，商品選択，リスク管理は自己責任を原則とする．特に，導入が検討されている，アメリカの企業年金制度を模した日本型確定拠出年金（401(k)）は，その最たるものといえよう．従来の企業年金とは異なり，あらかじめ保険料（拠出）が確定していること，税制の優遇措置があり，転職後も利用可能であるなどの利点がある反面，掛け金の運用次第によっては，高額な運用益が得られる可能性がある一方で，元価割れも起きる可能性もあるなどの大きなリスクを伴っている．

このように，老後の所得保障の選択肢は多元化している．生活者にとって選択肢が増えたことは歓迎すべきことであるが，「自助努力」に伴う情報収集や金融教育などの新たな責任もより課せられるようにもなってきた．

c．年金制度の課題と改革の方向性

本項では，年金制度の課題と1999年度年金制度改革が，生活に及ぼす影響について検討を行う．

(1) 世代間の給付と負担のバランスの確保

近年の少子・高齢化の進展を反映し，年金の保険料率の上昇が大きな問題になっている．1997年に発表された財政再計算では，厚生年金の保険料率は高齢化のピーク時である2025年には34.3%，国民年金の保険料も24,300円まで上昇すると予測されている．こうした保険料の急上昇は，若年世代に「保険料を負担しても，老後には年金が受け取れないのでは」という不安をあおり，またあまり

4.3 年金制度と生活者の自立と共同　　127

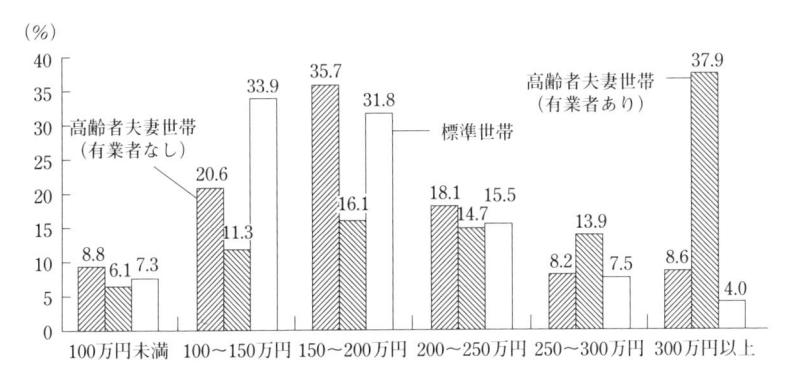

図4.3 高齢者夫婦世帯と標準世帯の一人当たり収入比較
1. 高齢者夫婦世帯：夫65歳以上，妻60歳以上の夫婦のみの世帯
標準世帯：夫婦と未婚の子ども2人からなる世帯で世帯主のみが有業者の世帯
2. 標準世帯については，250～300万円は312.5万円，300万円以上は312.5万円以上
の階級による世帯割合
（資料：総務庁『平成6年 全国消費実態調査』より作成）

にも高い保険料負担は，高齢世代に比べ，現役世代の生活水準を著しく低下させることにつながる．世代間の給付と負担のバランスをどう確保するかが，大きな課題として残されていた．

　国民皆年金から50余年経った現在，高齢世代の生活水準は現役世代とほとんど遜色ない，もしくは現役世代を上回る生活水準を維持できる者も少なくなくなった．図4.3の通り，高齢者夫婦世帯（有業者あり，有業者なし）と標準世帯の1人当たり収入を比較すると，有業者のいる高齢者世帯はきわめて収入が高い．また，貯蓄額で比較しても，高齢者夫婦世帯は現役世代に比べ，貯蓄額が高く，高齢者を一律に経済的弱者と見なすことはできなくなっている．

　今回の年金改革ではこうした世代間の公平性を重視し，高齢世代の給付を引き下げる一方で，若年世代の将来の保険料負担を抑制する（年収のおおむね20％（月収の26％程度）を限界とする）という理念のもと，以下の案が提示されている．

i) 給付額の抑制　　まず，公的年金の2階部分に相当する，厚生年金の給付水準を5％抑制するというものである．サラリーマン世帯の今回改正による手取り年収に対する年金額の比率（所得代替率）は59.4％（対月収比64.9％）となり，最終的には59％（同61.4％）の水準になるとみている．

ii) 裁定後の基礎年金・厚生年金　　物価のみで改定され，経済成長による

生活水準の上昇分は勤労世代を中心に配分されることになる．

iii) 老齢厚生年金の支給開始年齢の引き上げ　老齢厚生年金のいわゆる「別個の給付」と呼ばれた，60歳からの報酬比例部分の支給を将来的に廃止する．具体的には，1994年改正により，厚生年金の定額部分の支給開始年齢の引き上げが2001年度から2013年度にかけて段階的に行われるが，報酬比例部分については，定額部分の引き上げが終了した2013年度（男子の場合，女子は5年遅れ）から2025年度にかけて，3年ごとに1歳ずつ引き上げる．これ以後は，公的年金の支給開始年齢は65歳に統一される．しかし，65歳までの雇用の確保はいまだ達成されておらず，60歳から65歳までの生活保障をいかに確保すべきかが課題として残されている．

iv) 60歳代後半の在職老齢年金制度の導入　これまで65歳を境に，その賃金額にかかわらず，厚生年金の保険料の徴収はなくなり，年金も全額支給されていた．これを65歳から69歳の在職者については，現役世代と同様に厚生年金の被保険者とし保険料を徴収するとともに，賃金と報酬比例年金（基礎年金を含まない）との合計が月額37万円をこえる場合には，超過する賃金の2分の1に相当する額を年金給付から調整減額するように改められる（図4.4）．そして，賃金と年金の合計が60.4万円をこえると，報酬比例年金の支給は停止される．

v) 総報酬制　厚生年金の保険料の算定基準は標準報酬であり，賞与の多寡を反映しない（特別保険料は1％）．それゆえに，同一の年収でも賞与の比率を高め，標準報酬月額を低くすることにより，労使双方ともに社会保険料を低くしたり，また在職老齢年金制度のもとで年金の減額を抑えたりすることが行われていた．また，賞与の比率が小さい中小企業の労働者にとっては，保険料の負担が大企業勤務者より相対的に高くなるという不公平も指摘されていた．しかし，賦課対象の拡大を増収対策としないように，保険料率を17.35％から13.58％にまで引き下げ（賞与は3.6カ月分と想定），また年金給付への跳ね返りを小さくするために一定の上限（150万円）を設け，給付乗率を1,000分の5.481に切り下げている．

(2) 国民年金の空洞化問題と財源の見直し

国民年金の未加入・未納者の増加も深刻な問題である．厚生年金などの被用者年金では，保険料は給与から天引きされるが，自営業者などの第1号被保険者は

4.3 年金制度と生活者の自立と共同

○ 基礎年金は全額支給する．
○ 賃金と厚生年金（報酬比例部分）の合計額が 37 万円に達するまでは，満額の厚生年金を支給する．
○ これを上回る場合には，賃金の増加 2 に対し，年金額 1 を停止する．
 → この結果，基礎年金は 13.4 万円（夫婦 2 人分）を加えれば，総収入が <u>50.4 万円</u> までは年金は全額支給される．

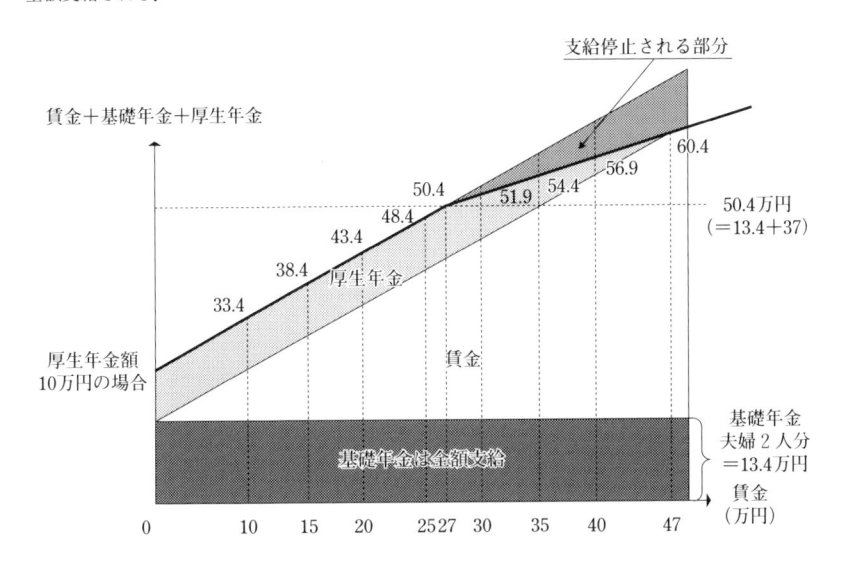

●厚生年金（報酬比例部分）が 10 万円の場合

賃金	厚生年金額 (報酬比例部分)	基礎年金額 (夫婦 2 人分)	総収入
10 万円	10 万円	13.4 万円	33.4 万円
20 万円	10 万円	13.4 万円	43.4 万円
30 万円	8.5 万円	13.4 万円	51.9 万円
40 万円	3.5 万円	13.4 万円	56.9 万円

（注）年金額は 1999 年度価格．

図 4.4　60 歳台後半の在職老齢年金制度の仕組み
(厚生省，『年金白書』1999)

個人が加入，納付手続きを行うため，制度への未加入，未納が生じている．第 1 号被保険者に該当する者のうち，未加入が 158 万人，未納者 172 万人，免除者が 334 万人と約 3 分の 1 に相当する人が保険料を払っていない状況で，国民年金の空洞化が懸念されている．

社会保険庁『平成 7 年 公的年金加入状況等調査』によれば，未加入，未納者と納付者の所得分布にはほとんど差がないことが明らかにされている．年金は未加入・未納でも，国民健康保険の保険料は納付する，また生命保険・個人年金に

は加入する人が多いなど，経済的理由ではなく，年金制度への不信，正確な知識の欠如が原因とされている．こうした未加入・未納者の存在は，無年金者を生むばかりでなく，他の保険料負担者に本来必要のない負担増を強いているのである．

空洞化問題の対処法として，基礎年金制度の財源をすべて税で賄うという考え方がある．この税方式のメリットは，第3号被保険者問題，学生の保険料負担問題，障害者の無年金・低年金の問題などをすべて解決できることである．また，拠出の有無を問わないことから，国民年金の空洞化問題の解決が可能であるといわれている．

しかし，保険料徴収の技術的問題，無年金者対策の理由だけで，安易に税方式に移行するのは危険である．特に，消費税を財源とした場合の税方式の問題点として，家計との関連から，以下の三点があげられる．①事業主は事業主負担が軽減されることから負担減となり（-3.3兆円），家計部門全体は消費税率が5%から8.2%（3.2%増）になるため，負担増となる．②年金受給者などの年金保険料を負担していない世帯は消費税を追加的に負担することにより負担増となる．③年金保険料を支払っている現役世帯（自営業者，給与所得者世帯）は国民年金保険料負担がなくなったり，厚生年金保険料負担が軽減される反面，消費税を追加的に負担することになる．

また，消費税導入の問題として忘れてならないのが益税の存在である．益税とは，消費税導入当初からの問題で，中小事業者の課税が優遇されているために，本来国に納められるべき消費税が事業主の懐に入るというものである．事業者が手にする益税は年間5,000億円強あるといわれ，納税者の不公平感は依然として残っている（産経新聞，1997年3月31日）．このシステムを改革しない限り，年金目的税を導入しても，巨額の税が国庫に納められないことになる．

1999年度の年金改革案では，保険料負担の見直しとして，国民年金保険料の半額免除制度の導入，学生にかかる保険料納付の特例，育児休業期間中の厚生年金保険料の事業主負担分の免除も検討されている．なかでも，半額免除制度とは，申請に基づき，保険料負担を半額に認めるが，免除の期間は3分の2の給付率で評価するというもので，いわゆる空洞化問題の対処策の一つである．

そして，基礎年金の財源の見直しも行われる．将来世代の保険料率の上昇を抑制するために，財源をどこに求めるかの明示がないまま，当面2004年までの間

に基礎年金の国庫負担を3分の1から2分の1に引き上げることになった．これによって厚生年金の最終保険料率は25.2％，国民年金では月額18,200円に抑えられるとみている．

だが，国庫負担割合を3分の1から2分の1に引き上げるには，2004年度には2.7兆円，2025年度には3.7兆円もの新たな財源が必要になる．巨額の財源をいかに確保するかが問題として残されている．

(3) ジェンダーと年金

今改革には盛り込まれなかった問題に，年金におけるジェンダー問題がある．その一つが，第3号被保険者の保険料負担をめぐる問題である．1985年の改正によって国民年金に基礎年金制度が創設され，これまで任意加入だった被用者の妻も強制加入となった．そして，「第3号被保険者」である彼女たちは，保険料を支払わずに基礎年金を受給できることになった．その保険料分は夫ではなく，厚生年金の被保険者全体で支えている．「費用負担能力がない」ことには変わりがない，自営業者の妻や学生に保険料負担を求め，離婚した場合には権利が消えるなど，サラリーマンの妻の保険料負担問題は，導入当初からきびしい批判を浴びてきた．

また，保険料負担の問題は，パートの「逆転現象」の原因ともなっている．パート労働者は，年収が130万円をこえると，夫の被扶養者からはずれ，新たに医療保険，年金保険に加入せねばならず，新たな保険料負担が生じる．すると，世帯全体では，パート収入が増えると，手取り収入が減るといういわゆる「逆転現象」が生じ，パート労働者が被扶養配偶者認定基準額以下に所得を抑えようと故意に労働日数や時間を調整する「就業調整」を行うという不合理な現象もみられるようになった．

年金制度におけるジェンダーは，遺族年金の扱いでもみられる．夫が死亡すると，専業主婦だった寡婦は，自身の基礎年金のほかに夫の老齢厚生年金の4分の3を遺族年金として受給する．一方，共働きの妻は，基礎年金のほかに，① 自分名義の老齢厚生年金を受給する，② 夫と自分の老齢厚生年金の合計額の2分の1，③ 夫の老齢厚生年金の受給額の4分の3のうち，一つを選択して受給することになる．女性の老齢厚生年金額は，就労時の低賃金の影響から夫の遺族年金よりも低く，ほとんどの女性は夫の遺族年金を選択せざるをえない．すると，長期

間積み立てた厚生年金の保険料は，掛け捨て同然となる．また寡婦になると，専業主婦の年金額が共働きの妻の年金額を上回ることもありうるなど，依然問題は残されている．それに加え，遺族年金の受給資格も，男女で明確に異なっている．遺族基礎年金は，妻しか受給資格がない．遺族厚生年金でも，妻は年齢制限がないのに対し，夫は55歳以上でかつ支給開始は60歳からと明らかな男女不平等がある．

こうした規定は，年金制度が創設された当初の「夫が外で働き，妻は専業主婦」，つまり妻は夫の年金で老後生活を送ることを前提に制度設計が組まれているため，現実の家族像の多様化に対応しきれなくなっているのである．

おわりに

老後の生活を，子どもや他人に頼らず自立して生活したいと考える人びとは多い．経済生活の自立には，今や公的年金制度は欠くことのできない存在になっている．しかし，社会保障制度としての公的年金制度は老後の生活基盤を支え，「自助努力」としての個人年金や企業年金はより豊かな生活を支えるためと，公私の役割分担はますます強化される傾向にある．

今回の年金改革は，「世代間の公平性」を意識し，現役世代の負担を軽減するために，「公助」としての公的年金の給付水準は引き下げる措置をとっている．今後ますます「自助」としての個人年金や企業年金の役割が重要視されることが見込まれるなか，生活者の自己責任はより重いものとなるだろう．金融商品の内容やリスク回避の方法などの教育のあり方も合わせて検討される時期にきているといえよう．

（丸山　桂）

文　献

経済企画庁経済研究所，1999，『新たな基礎年金制度の構築に向けて』大蔵省印刷局
厚生省年金局，1998，1999，『年金白書』社会保険研究所
八田達夫，1994，『消費税はやはりいらない』東洋経済新報社
堀　勝洋，1997，『年金制度の再構築』東洋経済新報社
丸山　桂，1994，「女性の生涯所得からみた税制・年金制度」，『季刊　社会保障研究』Vol. 30, No. 3
村上雅子，1999，『社会保障の経済学』東洋経済新報社
郵政省，1993，『個人年金に関する市場調査』

5. 時代を拓く自立と共同

5.1 自立を支える新しい生活共同

　ここでは生活者の自立を支える生活の共同とはどういうことかを明らかにするとともに、社会の変化のもとでの生活者の自立を支える新しい生活共同の創造のための条件を模索することを目的とする。

　まず、生活者としての個人、家族の生活経営の立場から、生活者の自立を支える生活共同のための個人、家族、地域、企業、行政のあり方を問う。次に、自立を支える生活共同の現状を把握する。最後に、現状を考察した結果から、自立を支える新しい生活共同の課題について検討することとする。

a. 自立を支える生活の共同

　これまでの生活経営学での自立と共同のとらえ方については、第1章に詳しいので参照していただきたい。その立場から、生活者の自立を支える生活共同のための個人、家族、地域、企業、行政のそれぞれのあり方について考えてみたい。

　まず、個人についてであるが、個人が生活者として自立することが何より求められている。生活者として自立する個人とは、具体的にはどのような個人であろうか。

　生活経営の主体としての生活者の自立という点からいえば、自立を前提とした生活者の育成が重要となる。このことについては、次節以降で展開されるので、ここではふれないが、生活者として自立する個人が存在して初めて生活者の自立

を支える生活共同が成り立つということではない．なぜなら個人の生活の自立を支える共同の最たるものが社会福祉だからである．しかし，福祉ミックス時代の今日，社会福祉改革のもと，社会福祉の理念そのものが180度転換しようとしている．「国民が自らの生活を自らの責任で営むこと」が基本となった．「自己責任」である．

自立する個人といっても，「障害者やかつての女性の自立がどちらかと言えば自立的に生きる『権利』としての問題なのに対し，高齢者の自立は自立的に生きなければならない『義務』の問題」（三浦三郎，1997，p.91）と考えられるようになってきた．

自立という言葉自体が福祉との関わりで登場したのは1981年の「国際障害者年」以降であるといわれている．「ノーマライゼーション」という言葉とともに個人の自立を支える生活共同が社会サービスの利用という形で浸透していったともいえる．次にあげる障害者の自立生活の基本的要件（三ツ木任一，1988，p.5）から考えると，個人にとっての自立の意味がわかり，生活共同に必要な視点が示唆される．「① 自立生活は，隔離・差別から自由な地域社会における生活でなければならない．② 生活の全体性に目を向けなければならない．③ 真の自立とは，人が主体的・自己決定的に生きることを意味する．④ 自己実現に向けての自立が追求されなければならない．⑤ 福祉への依存ではなく，福祉の主体的利用でなければならない」．

生活者の自立を支える生活共同のための個人のあり方は，個人が生活者として自立できる条件が整っているかどうかにかかっている．つまり，個人の人としての尊厳と基本的人権が尊重され，生活権が保障されているかどうか，そういう社会のあり方が問われる．そのうえで，個人が生活者としてどう生きたいかという生活主体として自立し，生活共同に積極的に参画することが求められる．

では，家族のあり方はどうであろうか．1980年代以降，「相互扶助の精神に基づいて第一次的に支援・援助するものとしての家族」（浅野慎一，1993，p.157）が典型とされた．「自助努力」「家族の含み資産」を前提とした家族のあり方が生活共同とされた．しかし「国際家族年」において，誰かを犠牲にして成り立つ家族の否定，自立した個人によって成り立つ家族の創造が目ざされた．家族は，個人が生活共同していくうえで初めて体験する基本的な関係である．そのため家族

のあり方は，自立を支える生活共同の促進にとって重要な鍵を握っている．しかし，家族を個人の自立を支える生活共同の基本的な関係として今までとらえてきただろうか．少なくとも生活経営学では，そのことを意識して問題提起してきたはずである．ところが，社会一般の家族に対する理解は，むしろ家族は私的領域として個人が安心できる依存関係の代表に位置づけ続けようとしてきたのではないだろうか．確かに桜井哲夫（1998）が述べているように「弱い子どもや年寄りの避難所（アジール）であり『甘えの場』である『家』」の一面があるとともに「家の世界では，メンバーが家の仕事を共同で行うところに原点」がある．しかし，この原点が性別役割分業意識の浸透で，近代家族概念の浸透でないがしろにされてきた．沖藤典子（1997, p.38）が指摘するように「家族というものを，もたれあい，お互い依存しあい，"依存しながら支配する"関係ではなく，また誰かを頂点とする秩序としてでもなく，企業戦士育成基地でもなく，寝たきり老人を作る場でもな」いあり方が求められている．まさに個人を支える生活共同の基本原理が求められている．そのあり方を具体的に提示する役割が生活経営学に課せられている．

　次に，地域のあり方を考えてみたい．地域とは，生活者として自立した個人や家族が生活共同を実践している場である．住民という生活者が中心となって，自立を支える生活共同を促進していく必要がある．しかし，どれだけの人が自分の住んでいる地域を生活共同の場ととらえているだろうか．そもそも地域とは何だろうか．どの範囲をさしていうのだろうか．中 久郎（1991, p.371）によれば「地域は，そこで人びとの社会関係が堆積され，あるいは生活諸関心が包括的に充足される範域」である．地域とは，ある土地に居住している個人や家族が，地縁をもとに築いている生活共同である．生活者として自立して生活を営むための社会ルールを生活共同ととらえることもできる．

　生活経営学では鈴木敏子（1989, p.7）が次のような地域の定義を行っている．「地域とは，そこで家庭生活を営む住民が，生産と生活と文化の歴史を築き，そこを拠点として，共同と自治の主体を育む空間的単位である」という規定である．地域を生活共同の主体形成の基本と位置づけ，地域で展開される社会関係はさらに「他の諸活動，諸関係と重なりあい，それらを統合する場や関係にもなっている」という．地域における社会関係が，こうした生活者の自立を支える生活

共同として機能しているかどうかは検討が必要である．中（p.374）がいうように「地域社会を，住民の人間性回復の生活基盤として再構築しようとする積極的な意味合いを盛り込もうとする気運」が高まっている今，自立を支える生活共同としての地域のあり方が問われている．生活経営学が地域を新しい生活共同の拠点としてとらえてきた研究成果を発揮することが求められている．

企業はどうであろうか．これまでの日本では，山岸俊男（1999, p.8）が指摘するように「企業のなかでは終身雇用制と年功序列制を軸にした安定した雇用関係が存在し，また企業間にも比較的安定した系列取引の関係が存在」していた．しかし，「グローバル・スタンダードのもとでの競争にさらされはじめたわれわれは，もうこれまでのように，安定した社会関係が提供する集団主義の温もりの中で安心して暮らし続けることはできなく」なっている．つまり，「日本的雇用慣行の転換によって，企業依存の生活保障，企業単位の生活の共同性といった枠組みが大きく変えられよう」（森ます美，1999）としている．このことは「企業」論理ではなく「生活」論理を重視する生活経営学の視点からみれば，新たな生活共同の枠組みを提起することになる．

最後に行政のあり方をおさえておきたい．社会福祉に関しては，憲法第25条において，その責任は国にあることが明確となっている．しかし，ゴールドプラン以降，実際の責任は市町村となった．市町村段階での行政による公共サービスも，福祉ミックス時代になり，削減の方向を呈している．そして「公共サービスの有償化が，『公民の役割分担の見直し』，『民間活力の活用』などの掛け声とともに進められていくと，公共サービスそのものを『市場原理』に基づく経済システムに委ねる動き」（神野直彦，1998, p.189）につながる．第3章では，その様相を福祉産業化ととらえ考察している．2000年施行の介護保険法においても，「措置」から「契約」へと社会福祉の理念が転換している．

行政が生活者の自立を支える生活共同の促進のためにあるべき姿とはどういうものだろうか．生活保障ということでは行政の果たす役割は大きい．「すべての人を対象として一般的な生活水準を保障するという普遍的社会政策を原則とするスウェーデン」（訓覇法子，1999, p.151）は理想である．日本では，自助・共助・公助の公助の後退が新たな福祉環境として顕在化してきている．「欧米的な発想では，『公』による補完をしながら己を守り維持することも当然『自立』の

一つのあり方として市民権をえているのにたいし，日本では『公』の要素が少しでも入ると，それだけでもはや『自立』とはいえないというきわめて限定されたイメージがある」(藤崎宏子，1998, p.175) という．こうした行政への意識も根強く残っていることも福祉ミックス体制を助長している．個人の自立を支える共同としての社会福祉の理念に立ち返った行政のあり方を提起したい．

b．生活共同の現状

生活者としての個人，家族の生活経営の立場から，自立を支える生活共同の現状を把握するため，ここでは，福祉環境を視野に入れて地域と行政が関係している例を取り上げることにする．そこで，これまでの生活経営学（家庭経営学）部会での成果を中心に現状把握を試みたい．

1990年は家庭経営学部会の設立20周年に当たり，1990年代は21世紀を展望した新たな生活経営の課題が問題提起されている．なかでも生活の共同については表5.1に示す通り一貫して取り組まれている．その成果を生活共同の促進の現状ととらえまとめることにする．

まず，家族を中心とした生活共同としては，急速な高齢化社会と国際化，情報化の進展のなかで，家族そのものの変化から生じている生活経営の課題が明らかにされている．これまでの家族，家庭，世帯の概念では問題把握がむずかしく，生活の基礎単位が多様化し，したがって生活共同も多様化が予想されるが，そのための家族，家庭，世帯の概念の再検討の指摘である．「同一居住・同一生計だけを生活の基礎単位としてとらえないこと，むしろネットワークとして生活の基

表5.1 生活経営学部会セミナーテーマ一覧（1990年以降）

年度	テーマ
1990年度	21世紀を拓く家庭経営学
1991年度	21世紀の生活をどうみるか
1992年度	家族問題のボーダレス化—国際家族年をめぐって—
1993年度	家庭経営学と環境—個人・家族・地域・地球—
1994年度	多様化する家族と生活保障—ジェンダー・エクィティへの家庭経営学的アプローチ—
1995年度	ジェンダー・家族と経済開発—変革への家庭経営学—
1996年度	"Unpaid Work" への家庭経営学的アプローチ
1997年度	個人化する社会の生活経営—個人の自立と共同の可能性—
1998年度	高齢社会が問いかける21世紀の生活経営—生活の自己決定権と共同の枠組み—
1999年度	高齢者が自由に生きるということ—高齢期の生活経営—（4部会合同：少子化社会が提起する諸課題—国際高齢者年にちなんで—）

礎単位をとらえれば，単身者を位置付けることができる」（宮本みち子・森ます美，1993）という確認がなされている．生活者として自立した個人個人の生活共同をネットワークとしてとらえ，それを生活の基礎単位と考えるのである．その際に，「家族をユニットとする生活保障というものが，個人の尊厳のゆゆしき侵害を内包していた事実を見据え，それに代わる生活保障の体系というものを，実現しなければならない」（宮本みち子・御船美智子，1995）ことも共通認識されている．具体的には，個人単位の賃金，個人単位の社会保障，そしてなにより両性の公平・平等というジェンダーエクィティの実現である．1994年の国際家族年は家族の生活共同の促進のために，私たちに何ができるかを突きつける契機となったととらえることができる．

家族をめぐっての生活共同の促進の具体策としては，エンゼルプラン，ゴールドプラン，障害者プランといった育児支援，介護支援，障害者支援政策がある．育児・介護休業法のような法整備やILO 156号条約批准，国際家族年，国際高齢者年といった国際的な条件整備がまず重要である．しかし，こうした社会的な生活共同の不備や遅れを問題とし，生活経営学からは，子どもの生活支援（久保桂子，1998）として子どもを生活経営の主体者と位置づけ，子どもを家族と社会で共同で支え合う関係の可能性を，介護支援（堀越栄子，1999）では生活主体の自立支援のための家庭と社会の基盤の検討などの提起がなされている．ファミリー・サポート・センターの設置など，生活共同の促進はさまざまな形で進みつつあるのが現状である．

地域社会における共同関係では，個人，家族，地域社会へという生活共同の広がりにもかかわらず，生活者自身がその広がりに対し積極的に関与しているとはいえないのが現状である．職住分離の時代にあって雇用者にとっては地域社会は身近ではない．しかし，生活共同の最も必要なライフステージにおいて地域社会との関わりは大きいのではないだろうか．家族形態の変化に伴って「世代間の連帯を同一家族内ではなく，地域で異家族間の世代連帯として把え直さなければならない」（石毛鍈子，1994）ない．グループホーム，コーポラティブハウスやコレクティブハウスが注目を集めている．「高齢者の共同的生活が，地域の中で特殊な暮らし方ではなく普通の暮らしとして」（瀬沼頼子，1999）広がりをみせている．高齢者が地域で高齢者協同組合をつくって活動する取り組みも広がっている．ま

た，近年「まちづくり」と関係した動きも活発化している．こうした地域での生活共同の促進の現状に対して，生活経営の主体としてどう関わっていくか，地域でどう生活していくか．生活者が自立して生きていくための生活共同が，地縁を中心に自分たちで築かれていることに特徴がみられる．

これに対して，どちらかといえば行政が主導で，そこに加わる形での住民参加型の生活共同やNPOに代表される市民参加型の生活共同の促進もみられる．久住 剛（1999, p. 15）は「家族や地縁コミュニティ，行政を含む既存の社会制度の機能低下や機能不全を背景に，新たな社会システムが必要であるという『社会構造の変革』の文脈の中で市民活動・NPOの必要性」をとらえている．このことは生活経営学からの提起につながる文脈として確認することができる．生活共同の促進としてNPO法やオンブスパーソン制度をあげておきたい．

市民参加型の生活共同の例としては，村上昌子（1999）による「市民参加による介護環境づくりの取り組み」は示唆に富んでいる．これによれば「要求型，告発型の市民運動ではなく，総合的な提案のできる『市民』へと力量を高め」た市民が「今後の自立を支え生活の共同を創る主体」となる．こうした市民の変化の「総和が社会を変えていく」のである．「多様な人が共に暮らしを作ろうとしている．行政はそういう市民参加型の暮らしの模索を積極的に支援すべき」であるという．生活の自立支援と生活共同は，生活者がどう暮らしたいかから始まる．それは自立を支える生活の共同の創造を意味する．自立を支え生活の共同を創る主体としての生活者の育成の役割を生活経営学は果たさなければならない．

c．新しい生活共同の課題
(1) 社会システムと生活共同

これまでの生活経営学部会での研究の蓄積（佐藤裕紀子，1998）によれば，生活共同を促進するための社会システムのあり方を問う研究が多くなされていることがわかる．それらは，個人や家族を取り巻く社会状況が変化するなかで，本来自立を支えるべき社会システムが現実問題として機能していないことを鋭く指摘している．しかも，それにとどまらず，社会システムの再編や新たな社会システム構築への提言を行っている．しかし，より具体的な社会システムと生活共同の関係が要求されている．個人の生活保障を前提とした社会システム構築のために

何が問題であり，解決のために何が必要か．ひとりの生活者が生まれてから死ぬまでの一生の生活保障にあたり，どんな社会システムと生活共同が必要なのか．新しい生活共同に対して，生活経営学が得意としてきた生活者の側からの提起が課題である．

また，生活共同を「生活資源の外部資源」（赤塚朋子，1999）ととらえることにより，生活経営における生活資源としての生活共同の質を問うことができるのではないだろうか．

(2) ネットワークと生活共同

生活の基礎単位をネットワークととらえ，これまでの家族概念を取り払い，他人や同世代，異世代，異国籍，異生活文化とも共同していく生活経営が問われてくるだろう．国際化，情報化のますますの進展のなかで，生活者が自立するためにはどのような資質が求められてくるのだろうか．そして生活共同のためのルールはどうなるのだろうか．

さまざまなネットワークが存在し，そのネットワークが生活者の自立を支える生活共同として機能するために新たな社会システムが構築される．その過程で社会的な人間関係を経験し，生活者は社会的な人間となっていく．

ところが，現実はどうだろうか．「一人になるライフステージの生活を豊かにつくっていける能力をもっていないし，社会もそれを援助できるシステムを十分にもっていないし，地域や隣人（市民）もまた，自分の生活を豊かにしつつ他人と連帯することによって安心して過ごせる関係のありようのノウハウを身につけていない」（天野寛子・乗本秀樹，1992）のではないか．状況は変わりつつあるとはいえ，生活経営学が提起してきた自立と共同の条件整備は，こうした具体的な課題を丹念に解決していくことが必要とされる．この現状を打破するための具体策がまさに問われているのではないか．

おわりに

生活者の自立を支える新しい生活共同について検討してきた．自助・共助・公助の福祉ミックス時代の福祉環境は，生活者の自己責任が強調され公助が後退するなか，生活者の自立を支えるものとしての生活共同のあり方が問われている状況が明らかとなった．市場経済に左右されることなく，個人を単位とした生活保

障の社会システムの構築を目ざし，そのための生活共同の条件として生活者が生活共同の主体となることを提起したい．

(赤塚朋子)

文　献

赤塚朋子，1999,「家庭が管理する生活資源」宮崎礼子編『現代の家庭と生活経営』朝倉書店
浅野慎一，1993,『現代日本社会の構造と転換』大学教育出版
天野寛子・乗本秀樹，1992,「共通テーマ・全体討論」,『家庭経営学研究』No. 27
石毛鉞子，1994,「高齢者問題──世代間の連帯に関連して──」,『家庭経営学研究』No. 29
沖藤典子，1997,『みんなが主役・新介護時代──老いを支える新しいシステムづくり──』ミネルヴァ書房
久保桂子，1998,「親と社会の共同による子どもの生活支援──乳幼児への支援資源の組織化を中心に──」,『生活経営学研究』No. 33
訓覇法子，1999,「障害者政策とその基本的価値観」,『エクセレント スウェーデン ケアリング』Vol. 2
桜井哲夫，1998,『〈自己責任〉とは何か』講談社
佐藤裕紀子，1998,「家庭経営学における生活の個別化と共同化の研究動向」,『生活経営学研究』No. 33
神野直彦，1998,『システム改革の政治経済学』岩波書店
鈴木敏子，1989,「先行地域論からの示唆と私たちの地域論」伊藤セツ・天野寛子編著『生活時間と生活様式』光生館
瀬沼頼子，1999,「高齢者の共同的生活と生活支援──地域で高齢者が共に住む──」,『4部会合同セミナー要旨集』
中　久郎，1991,『共同性の社会理論』世界思想社
久住　剛，1999,「市民活動・NPOと自治体──社会システムと行政改革を視野に──」,『自立する市民と自治体──新しい関係構築のために── 年報自治体学』No. 10
藤崎宏子，1998,『高齢者・家族・社会的ネットワーク』培風館
堀越栄子，1999,「『生活介護』における自己決定と生活共同の枠組み」,『生活経営学研究』No. 34
三浦三郎，1997,「高齢者の生活実態と自立」八代尚宏編『高齢化社会の生活保障システム』東京大学出版会
三ツ木任一編，仲村優一・板山賢治監修，1988,『続・自立生活への道　障害社福祉の新しい展開』全国社会福祉協議会
宮本みち子・森ます美，1993,「共通テーマ・全体討論」,『家庭経営学研究』No. 28
宮本みち子・御船美智子，1995,「全体討論」,『家庭経営学研究』No. 30
村上昌子，1999,「市民参加による介護環境づくりの取り組み──生活経営の自立，市民自治の視点から──」『生活経営学研究』No. 34
森ます美，1999,「ワークショップB 討論」,『生活経営学研究』No. 34
山岸俊男，1999,『安全社会から信頼社会へ──日本型システムの行方──』中央公論社

5.2 生活主体の構築と教育・学習

　生活者の自立と共同のためには，生活主体が構築（形成）され，かつ共同のシステムが確立されなければならない．本節ではまず「生活主体」とは何か，という課題について諸論を検討したうえで，生活主体はいかにして構築（形成）されるか，という問題について，「地域」における私的セクター，公的セクター，非営利セクターの機能と，「教育」におけるフォーマル，インフォーマル，ノンフォーマルの機能について検討することを通じて考究したい．

a．生活主体とは何か
(1)　生活構造論における「生活主体」

　生活構造論のなかで「生活主体」に関する記述で特筆すべきは，森岡清志（1984）と鈴木　広（1976）の論であろう．

　森岡は，「個人と社会とのかかわり」との絡みで，「（後に社会財と規定される）資源は，生活主体によって制御され，問題の解決・処理に動員されており，主体によるこの（社会財整序化＝）資源処理過程こそ，社会参加構造の焦点にほかならない．資源ないし財は，それぞれに固有の法則性をもち，これにかかわる個人もまたその制約を受ける．しかし，個人は一定の価値ないし評価体系に依拠してそれぞれに独自の処理を行う主体でもある．すなわち，個人は，資源・財を自らの手で選択し，制御することによって，自己の生活問題を処理しているのである．生活問題の処理とは，それによって自らを制御することを意味しており，ここにこそ個人の主体性を認めることができる」「生活主体は，社会財を認知的，評価的，指令的に選択処理しつつ，生活問題を解決・処理している」と述べている．

　また，鈴木は，「生活主体というとき，主体は個人である」と限定したうえで，「主体が何であるかについては，その主体の諸社会的地位のうち，普遍的地位（例：性別），生得的不可逆的地位（例：年齢），生得的可逆的地位（例：最初の国籍・住所），獲得的不可逆的地位（例：学歴），および家族内的地位（夫婦関係のように獲得的不可逆的なしかし事実上は不可逆的な側面と，親子関係のように

5.2 生活主体の構築と教育・学習

不可逆的だが，子にとっては生得的，親にとって獲得的という複雑な地位連関）によって規定される．また何をするかの側面は，獲得的可逆的地位（例：職業）を中心とする，社会の産業構造との接触のパターンによって最も強く規定される．このようにして生活主体は，職業を媒介とする産業構造との接合，家族的地位を媒介とする親族・地域構造との接合によって，その存在の基軸が複合的に規定されるが，いいかえればその基軸とは，社会の階層構造と地域（コミュニティ）構造とに，家族をとおして接続するというパターンである」と述べ，さらに「生活主体の主体たる意味は，それが社会構造との間に連動関係を持続するというものにでなく，文字通り主体的に，自由選択的に生活目標と生活様式を創出・設定していくところにある」とし，「その内容は主体と文化体系との接触の仕方によって規定されると考えてよい．つまり文化として価値づけられている生活目標と，同調を期待されている規範的行動標準とに，主体はどのように対応していくのか，ということである」と結論づけている．

(2) 生活経営学領域における「生活主体」と教育

生活経営学の領域では，すでに伊藤セツ（1989）によって，「主体とは，認識し，行為する我をもった人間個々人のことであり，生活主体とは，生活を科学的に認識し，生活実践する個人である」(p.181) と，明確な定義がなされている．さらに「ある生活価値をもち，その方向で意思決定する主体はすなわち生活主体である．多くの場合個々人は，家庭に生まれ，家族員との関係の中で生活するわけであるから，生活主体は，家庭生活という共同体にあっては，複数の個人の絡み合いにおいて考えられなければならない．家庭経営学でいう生活主体とは，家庭経営の中心をなす，通常一対の成人男女＝夫婦であるが，単身の場合は，その個人である」(pp.181-182) と，生活経営学の前身である家庭経営学との位置づけも的確に規定されている．

また，「生活主体はまさに環境醸成の主体でもある．しかし，生活主体にとって意図する環境醸成は，それが，家庭から社会あるいは自然の領域へと離れれば離れるほど，個々の一対の家庭生活主体によっては実現することは不可能となる．他の主体との関わり，つまり環境醸成をめざすさまざまな運動との関わりなしには目標を達成することはできない」(p.183) というように，かつて宮崎礼子・伊藤セツ編『家庭管理論』で提示された「外堀領域」とのつながりをも暗示

している．そしてこの指摘はまさしく，本節において後に提示される，地域内における各セクターへの自覚の必要性と重複するものであるといえる．

　この『家庭管理論』のなかでは，「生活主体」については天野寛子（1989，p. 161）によって次のように定義されている．すなわち，生活主体とは「生活の問題に自ら身につけた生活技術をもって積極的に問題を解決してゆく実践的な生活者」である．そしてこの定義は，後述するように，家庭科教育学の領域で田結庄順子によって受け継がれる．

　ところで，（社）日本家政学会家庭経営学部会の創立20周年を記念して出版された『21世紀のライフスタイル』では，「生活主体」という言葉はたびたび登場するが，その定義についてはみることができない．しかし，鈴木敏子と朴木佳緒留によって「主体」とは何であるかが検討され，家庭経営主体＝主婦を含意した現状適応レベルの「主体論」を打破することの必要性が説かれている．具体的にはまず，先述した伊藤の環境醸成の必要性とともに，「個別の家庭生活の営みから出てくる生活向上の要求や志向は，地域や職場などで共通性をもっていることを認識しあうことによって連帯感を育み，共同の変革主体へと高められ，家庭生活の向上，家庭生活問題の解決をより促進することになる」と指摘される．同時に，そのような主体形成のためには，性を問わず家庭生活の実態や問題点を客観的・科学的に把握する力をつけることが学校教育その他あらゆる機会で試みられること，家庭科教育や家政教育の方法論が磨かれることなどの必要性が説かれているのである．

　同書では，宮本みち子によって「"豊かな家庭生活"の論理と構造」の中で，「生活力」の問題を取り上げながら，「家政学や家庭科教育において生活の主体形成がテーマとなるのは1970年代の中頃からであるが，その頃から子どもの発達の遅れやひずみが指摘され，家事労働の意義が人間発達の面から改めて注目された」（p. 23）と，生活主体と教育との関連について言及されていることも注目されるところである．

　この宮本の指摘にもみられるように，従来から家庭科教育学の領域では，生活主体の形成が教育課題としてあげられてきた．例えば田結庄順子（1987，p. 231）は，先述の天野による生活主体の定義を引用したのちに，そのような生活主体の形成が困難な状況にある現代社会において，「生活主体の形成には，生活

の科学的認識の深化と生活技術の獲得が2大要素としてあげられ，そのうえでの生活行動への転移が必要となる．生活文化を形づくっている衣生活文化，食生活文化，住生活文化，家族生活文化（性，保育，家族生活）に関する科学的認識の深化と生活技術の獲得が結果として生活文化の継承と創造に結びつくものであり，今日の家庭生活および社会生活においては特に，重要になっており，学校教育における家庭科の担うべき教育的価値である」と述べている．

また最近では，荒井紀子（1999，p.11）が，「生活の課題を発見し，その改善や解決に主体的に取り組む力や，主権者としての自覚や実践力をもつ生活者を育てる」視点を，生活主体形成の視点ととらえ，家庭科の教育目標の一つとしてあげている．

このように，生活経営学領域およびその周辺領域である家庭科教育学領域においては，「生活主体」が従来から課題としてあげられてきた．そしてこの問題は，後述する2002年以降に開始される新教育課程の背景に課題としてあった，「生きる力」という抽象的な言葉をより具体化したものといってよい．すなわち，産業化の進展とともに脆弱化した「生活を主体的に営む変革主体としての生活主体」を育成することが，今日では国家をあげての課題になったということができ，この点で，生活経営学の果たす役割はより高まったといえよう．

b．生活主体構築機能の諸相と共同のシステム

では，そのような「生活主体」はどのように構築されるのであろうか．ここでは生涯学習の視点からみてみたい．なぜなら，「生活」とは人間が一生涯にわたって成就するものだからである．

(1) 生涯学習時代における「生活主体」の構築

生涯教育を提唱したP・ラングランの後継者でユネスコの成人教育部門責任者となったE・ジェルピ（1983）は，生涯教育は抑圧からの解放を目ざすものであるがゆえに「政治的に中立ではない」（p.17）といい，進歩的な生涯教育の三つの要素は「自己決定学習であり，個人の動機に応えるものであり，新しい生活の方法の中で発展する学習のシステムである」（pp.20-21）と述べていた．また，ユネスコ「学習権宣言」においては，「学習活動は，あらゆる教育活動の中心に位置づけられ，人びとを，なりゆきまかせの客体から自分たちの歴史を創造する

主体に変えていくもの」と記されている．ここに，「客体」から「主体」へと変容させるものとしての教育機能に着目することの必要性が看取される．

したがって，「生活主体」の構築条件として，生涯学習の視点からフォーマル・エデュケーション（定型教育＝学校教育），ノンフォーマル・エデュケーション（不定型教育＝学校教育の枠組み外での特定集団に対する組織化・体系化された教育），インフォーマル・エデュケーション（非定型教育＝無意図的教育機能）を視野に入れ，紡ぎ合わせることが求められる．換言すれば，これらが有機的に作用することによって，「生活主体」が形成されるのである．以下，具体的にみてみよう．

i) フォーマル・エデュケーション（定型教育）　　一般に，教育＝学校教育ととらえられる傾向にある．その学校とは，一般に，一定の目的のもとで，特定の施設において，専門的な資格をもつ教職員により，意図的，計画的に組織的な学習をさせるための教育機関を意味している．日本では学校教育法に基づき，教育基本法第6条で，その教育は公私立の区別なく「公の性質」をもつものとされているように，「公教育」の機関として位置づけられている．

近代公教育が，人種・階級・ジェンダーの再生産を担ってきた点が，欧米の研究者を中心に指摘されて久しいが，日本においても戦後50年の教育の総括的評価ともいうべきものが検討されている．それに連動するかのように，「いじめ」や「自殺」に象徴される近代公教育の歪みを克服すべく，2002年から開始される新教育課程では，「生きる力」の標榜のもとに「総合的学習の時間」が新設されることとなった．小学校1・2年で行われている「生活科」の延長線上に，小学校3年以降は，各教科の時間を平均約3割減らして，この時間が導入されるわけであるが，その主旨は，従来の教科の枠組みではとらえきれない「国際」「情報」「環境」「健康・福祉」など，各学校の裁量に任されたテーマ設定のもと，学習が展開されるというものである．

しかしここで留意したいことは，「生きる力」とは，「生活主体」すなわち生活を主体的に営むうえでの基礎にあるものといえることである．さらに，家政学にしても家庭科にしても，元来，総合的なものである．学校教育における家庭科は，戦後新設された教科であるが，既述の通り「生活主体」の形成を教育課題としてあげてきた教科である．しかも歴史的に内包されたジェンダーバイアスによ

って，今日では，教科のなかで，最もジェンダーに敏感な教科へと変貌している．このことは，ともすれば生活の営み自体が性別役割に規制されがちという現状のなかで，性差によって歪めとられることのない「生活主体」の構築という課題にとって重要である．したがって，21世紀初頭から開始される新教育課程における総合的学習や家庭科の展開のあり方は，これまで経済発展と効率優先を目ざした「産業のための人づくり」としての近代公教育から，「生活主体」の構築を目ざす教育への転換といった観点からも検討されるべき課題であるといえよう．

ⅱ）ノンフォーマル・エデュケーション（不定型教育）とインフォーマル・エデュケーション（非定型教育）　ルソーの『エミール』や「生活が陶冶する」というペスタロッチの教育論を引き合いに出すまでもなく，教育は生活そのものであるという考え方が，従来のとりわけ進歩的教育論のなかにはあった．しかし，産業化とともに「学校化」した近代公教育としての学校教育は，効率優先の合理主義的教育であったことは否めず，生活上の諸課題を自ら積極的に醸成するような生活主体形成の機能としては不十分であったといわざるをえない．そこで，ノンフォーマル・エデュケーションとインフォーマル・エデュケーションの教育機能に着目し，フォーマル・エデュケーションとの相互補完を図る必要がある．

ノンフォーマル・エデュケーションとは，特定の集団に対して一定の様式の学習を用意する，組織され，体系化された（この点でインフォーマル・エデュケーションとは区別される）教育活動である．当初は，学校教育が十分に普及していない第三世界諸国で，農村発展と貧困層の基本的要求に対応する教育戦略として構想された．日本でこの形に最も近いものとしては，社会教育があげられる．

インフォーマル・エデュケーションとは，あらゆる人びとが，日常的経験や環境とのふれあいから，知識，技術，態度，識見を獲得し蓄積する，生涯にわたる過程，組織的，体系的教育ではなく，習俗的，無意図的な教育機能である．具体的には，家庭，職場，遊びの場で学ぶ，家族や友人の手本や態度から学ぶ，旅行や新聞・書物を読むことから学ぶ，ラジオの聴取，映画・テレビの視聴を通じて学ぶなど多様な場での「学び」がその範疇に入る．いわば，人間が誕生したときから存在する教育の形態といってよかろう．

実際には，ノンフォーマル・エデュケーションとインフォーマル・エデュケーションの境界を明確に区分することが困難であるような学習活動も存在してはいるが，従来から展開されている生活協同組合のなかでの教育・学習活動や，近年特に盛んになりつつある環境や福祉に関する NPO/NGO のなかでの教育・学習活動などは，これらを象徴するものであるといえ，しかも内発的動機から生ずる活動なだけに，自主的で多様な学習活動が展開されているといえよう．

(2) 地域内各セクターの機能と新たな共同システム

既存の地域内では，個人は従来「家族・世帯」の一員として，「公的セクター」（行政）や「私的セクター」（民間営利企業）との経済的関わりをもってきた．「生活問題」に関していえば，「私的セクター」が「個人・家族・世帯」に加害者的立場に立ち，「個人・家族・世帯」が被害者となった場合，「公的セクター」は「私的セクター」に対して「規制」を加え，「個人・家族・世帯」を「保護」する役割を担ったのである．しかし，この「公的セクター」「私的セクター」「個人・家族・世帯」では，いわゆる「政府の失敗」「市場の失敗」「家族機能の縮小」によって，次第にそれぞれ内部では担いきれない問題が生じてきた．

そこで，上記それぞれが担いきれない部分を担うべく発生し，成長したのが，生活協同組合や NGO/NPO など「非営利セクター」といわれるものである．従来，上記三者間はそれぞれ分断化され，相互にコミュニケーションをもちにくかったため，「公的セクター」が「私的セクター」や「家族・世帯」を「規制」や「保護」の対象としていた．それに対して，「非営利セクター」は三者間のコミュニケーションを容易にするため，三者が対話を重ねることによっておのおのの立場を理解し，合意形成を導きやすくし，さらにエンパワーしていく可能性を内包している．それだけに「非営利セクター」からの発信を三者それぞれに対して行うことが可能になるし，また，三者それぞれからも協力を求められる．したがって，この非営利セクターを射程に入れることによって，新たな共同システムの可能性が開けてくるのである．

特に，「個人」に焦点を絞ってみれば次のような点が重要である[注]．

「家族・世帯」の一員としての「個人」は，従来，行政から保護される，いわば「客体」であった．しかし，その「個人」が，「家族・世帯」の一員としてだけでなく，「非営利セクター」の担い手となったときには，地域のなかで「主体」

となる．例えば「個人」は「行政」「企業」との対話を通じ，あるいはワーカーズ・コレクティブへの参加などで自らがサービスの提供者になることによって，現状を知り，それによって自らの生活のあり方を問い直す機会を得ると同時に，「私的セクター」や「公的セクター」の改善点がより鮮明にみえてくる．しかし，その改善点を「私的セクター」「公的セクター」に要求し，その要求を実現するには，「個人」では力が及ばない．それが，個々が連帯した「非営利セクター」という対抗勢力であれば，「私的セクター」や「公的セクター」に対して，代替案を提示し一定の影響力を与えることを可能とする．しかも，この「非営利セクター」のなかでは，「対話する」能力も磨かれる．それはまさしくハンナ・アーレントやヘンリー・ジルーが述べている民主主義的な「公共領域」(public sphere)，あるいはユルゲン・ハーバーマスが述べている「公共性」を形成しているといってよい．すなわち，互いの差異を認めたうえで合意形成の努力をし，その過程で「生活主体」が構築されるのである．

c． 新たな共同のシステムを求めて

上述した「非営利セクター」で展開されている活動は，いわば生活の質の向上を目ざした活動であるといえる．そして到達すべき社会の像が，自立と共同の地域社会なのであれば，そこでの教育的関係もまたその原理に貫かれていなくてはなるまい．そのストラテジーは「対話」であるといえる．自立した生活主体が共同していくには，互いの差異を認め合ったうえでの対話を必要とする．すなわち，宮坂広作（1992）が指摘するように，対話の教育では，教える者と学ぶ者両者の自己創造をもたらしうるのであり，両者ともに互酬的に他者の覚醒の契機たりうるのである．

そのためには，主体形成の機能を学校教育のみに限定せずに，b項で述べたような地域における諸機能を，生涯学習の視点から統合していくことが必要である．「生活を通して」「生活について」学ぶことを通して，よりよい「生活のために」，あらゆる生活課題・地域課題を解決するための地域活動・社会運動が展開され，そのなかでの「学び」によって，より豊かな「生活主体」と，さらには共同システムそのものも構築され，成熟していくものと思われる．

注

　典型的事例として「生活クラブ」があげられよう．「生活クラブ」については，佐藤慶幸（1988），天野正子（1996）らをはじめとして，多く紹介されてきたし，筆者も拙稿「生活協同組合における消費者教育的機能」（横浜国立大学大学院修士論文，1995），「生活協同組合における消費者教育的機能の分析と展望」（（財）生協総合研究所「第5回生活協同組合研究奨励」助成研究報告論文集，1996），「The Function of Consumer Education in a Consumers' Co-operatives. -Focusing "The Seikatsu Club Consumers' Co-operative」（家庭経営学研究，No. 31, 1996），「協同的労働の実態と課題：ワーカーズ・コープとワーカーズ・コレクティブの事例から」（協同組合総合研究所研究報告書，Vol. 20, 1998）などで検討してきた．
　その特徴は，「消費材」（材は素材主義などのこだわりによる生活クラブ特有の命名）に象徴されるモノとの関係のみならず，労働，福祉，政治など，生活全般にわたりオルタナティブを提起し続けているところにあり，班活動をはじめとして半強制的ともいえる参加・対話の場を設定することによって，自立と共同のシステムを模索している．しかしジェンダーの視点からすれば，ペイド・ワークとアンペイド・ワークの問題をいかにクリアするかという点が当面の課題として残されている．
　　　　　　　　　　　　　　　　　　　　　　　　　　　　　　　　（松葉口玲子）

文献

天野正子，1996，『「生活者」とはだれか』中公新書
天野寛子，1989，「生活技術と生活主体の形成」宮崎礼子・伊藤セツ編『家庭管理論（新版）』有斐閣
荒井紀子，1999，「共学家庭科における生活主体の育成」宮崎礼子編著『家庭科教育試論』芽ばえ社
伊藤セツ，1989，「新しい生活様式の創造と選択のために」，『家庭生活の経営と管理』朝倉書店
佐藤慶幸，1988，『女性たちの生活ネットワーク』文眞堂
三東純子編，1991，『21世紀のライフスタイル』朝倉書店
ジェルピ，E., 前平泰志訳，1983，『生涯教育―抑圧と解放の弁証法―』東京創元社
鈴木敏正，1997，『学校型教育を超えて―エンパワーメントの不定型教育―』北樹出版
鈴木　広，1976，「生活構造」本間康平・田野崎昭夫・光吉利之・塩原　勉編『社会学概論』有斐閣（三浦典子・森岡清志・佐々木衞編，1986，『リーディングス日本の社会学5 生活構造』所収）
田結庄順子，1987，『生活主体の形成と教育』ドメス出版
日本生涯教育学会編，1990，『生涯学習事典』東京書籍
宮坂広作，1992，『生涯学習と主体形成』明石書店
森岡清志，1984，「都市的生活構造」『現代社会学』（三浦典子・森岡清志・佐々木衞編，1986，『リーディングス日本の社会学5 生活構造』所収）

> **コラム7**
>
> **エンパワーメント**（empowerment）
> 　エンパワー（empower）とは，「力をつける」ことを意味し，「権限を得る」含みがある．「エンパワーメント」の語は，1985年，第3回世界女性会議で「婦人の地位向上のためのナイロビ将来戦略」が採択されたのち，日本で使われるようになった．真の男女平等を実現するためには，法の下の男女平等にとどまらず，草の根レベルから，女性たちが「力をつけて」連帯し，行動することが，女性たちの状況・地位そして生き方の向上に有効であることが確認された．女性のエンパワーメントを契機に，「エンパワーメント」が社会・生活の変革のキーワードとなり普及した．アジア太平洋経済社会委員会『アジア太平洋地域の女性』による次の定義が理解を助ける．「エンパワーメントとは，女性の自己認識とともに，社会が女性に対してもつ認識，さらに女性の役割と機能の決められ方を変えることによって，ジェンダー関係に影響を与えようとする，その過程である．エンパワーすることは，女性が集団で女性の関心事を決め，すべての分野で機会への平等なアクセスを得，自立と自身の生活へのコントロールを得ることにつながる…．女性の地位についての，また女性のイメージに対する男女の態度を変えるように，連帯して行動するネットワーク活動を推進することにもつながる」（村松安子・村松泰子編，1995，『エンパワーメントの女性学』有斐閣，p.14）．ジェンダー，年齢，階級・階層，民族などによる不平等のない社会，生活を充実させる個人の権利を，エンパワーメントによって実現しようとするエンパワーメント・アプローチは，障害者，高齢者，子どもなど，生活する個人と集団の経営にとって有効である．
> 　　　　　　　　　　　　　　　　　　　　　　　　　　　　　　　（御船美智子）

5.3　生活経営主体のエンパワーメント

　自立と共同の新しい関係の構築は，個人の自立のための共同のあり方，共同のための自立の内容を明らかにし，生活する者が，自覚と社会認識を結合した主体性を育みながら進めることができる．生活者の主体性の形成・発展と，その相互に必要十分条件である社会（ここでは生活社会とする），両者の実現に必要な考え方をエンパワーメント（力をつけること）の生活経営視点であると考える．本節では，なぜ，今，エンパワーメントが重要なのか，その実現を可能とするエンパワーの生活経営の内容・課題を生活経営学の概念として提案していきたい．

a. 生活経営学の今とエンパワーメント

生活経営とは何か，何のために，なぜ生活経営が必要なのか，生活経営はどのようになされており，どのような要因によって規定されているのか，あるいは相互規定されているのか，どのような問題や課題があるのか，そして現時点でいかに生活経営をすべきか，これらの疑問に答えるのが生活経営学である．

人間の生（ライフ）を，自然科学的な視点から生存，社会科学的な視点から生活，人文科学的な視点から人生といった，おおまかに三つのレベルでとらえるとすると，生活経営は自然科学的，人文科学的な側面も内包しながら，社会科学的な視点を中心とする．社会の基底には自然（人間の人体も含めて）があり，社会を構成する個人が文化を創造している．人間が経済・社会を構成し，個人や集団が自立と共同・協同のもとで日々生活を営んでいる．どのような共同・協同をし，どのような社会の仕組みをつくって生活手段を整えるのか，逆に，今ある社会のなかで，どのように共同・協同をして生活手段を整えるのかを考えながら生活をしている．このときの「いかに」生活を営むかに関わる諸課題が生活経営学の対象となる．前章，前節までに述べたように，生活経営に関する研究は，具体的な生活場面での取り組みを通して，エンパワーのために一定の貢献をしてきた．しかし，激動する時代に対応するだけでなく，時代を拓くためには，社会と生活者の相互関係，生活経営レベルの具体的取り組み・相互作用を，一般化，理論化し，成果の応用可能性を高める必要がある．今の生活経営学にとっての当面の課題は，概念化と実践的有効性（テーマに対する説明力，解決への可能性）の検討である．

1980年代までの日本は，建て前としての自助自立のもとで，強力な企業社会と「福祉国家」，それらに対応した「家族・家庭」から構成されていた．地球環境の悪化，人口構造の少子・高齢化，貨幣経済の高度な産業グローバル化による構造変化によって，現代社会は大きな転換期にある．時代の動きは激しく，あるべき社会として，個人と民間と新しい公共がつくる自由な選択の結果に委ねる途が志向されつつある．その際，個人は，自己決定ができ，自己責任をとることができる主体として措定されている．エンパワーした（力をつけた）個人が前提とされており，時代はエンパワーメントを求めている．しかし，エンパワーメントは自明ではなく，「自然に」獲得できるものでもない．

個人モデルと社会モデルは独立したものではなく，対で成り立っており，対で変化する．生活を取り巻く条件が大きく変化するなかで「一人ひとりが自分の人生の主人公になる」(これを個人の生活主体モデルとする)ことと，それを可能にする社会のあり方(この社会モデルを，生活社会とする)をセットで，具体的な生活の営みのなかで実現するための有効な視点が，生活経営視点であると考える．

b．生活の社会環境変化と個人モデル
(1) 持続可能な経済と自己責任の個人モデル

情報通信技術の飛躍的な発展により，国際間の情報化が進んだことと，物流の革新を基礎条件に，財・サービスの貿易や資本移動が活発になされ，さらに旧東側諸国の市場経済体制への移行，途上国の貨幣経済化の進展によって，貨幣経済のグローバル化は急速かつ大きく進んでいる．

市場経済の拡大は，企業間の競争の激化を意味し，それに対応して雇用形態は多様化する．従来仕事をしながら仕事の能力を身につけて，費用を企業が負担してきたが，教育訓練費用を節減するために，職業能力を身につけることも個人の責任となりつつある．個人が仕事のリスクとチャンスをもつようになっている．事前認可からルールづくり・事後チェックへの規制改革は，消費・金融の財・サービスの多様化を進め，その選択を個人に委ねるように方向転換しつつある．経済社会を方向づける責任を消費者が負うことになっている．それは，例えば，金融商品の購入にみられるように，リスク・チャンスの両方をもつことでもあり，選択能力が必要とされる経済社会になっているのである．もちろん選択能力を行使する場合の，企業と消費者の情報や組織力などの非対称性は歴然としてあるため，企業の情報開示や説明責任は当然あるが，それをさせる働きかけ，提示された情報や説明に対し理解する，理解できないときは再度説明を求める努力をするといった能力が個人として必要となる．

また従来の大量生産・大量消費・大量廃棄型の経済社会システムは，地球環境問題を深刻化し限界に達している．物質循環の健全化のもとで，持続発展可能な「循環型経済社会」システムを確立することが急務の課題となっている．廃棄物の発生抑制と効率的なリサイクルを進めるためには，個人が消費者，労働者など

すべての側面で生活を通じてそうした行動をとり，地球環境に対して責任をとることが求められる．廃棄物の発生抑制と効率的なリサイクルを進める企業を，商品購入を通じて支援するといった間接的な行動も重要となる．環境への負荷の少ない行動へのインセンティブが働く経済社会システムにする必要がある．グローバル化経済のもとでは，環境問題への対応も国際的ルールづくりが必要となる．

(2) 福祉環境変化と自己決定の個人モデル

少子・高齢化が進む一方，逼迫する財政のもとで，1980年代後半以降，福祉改革が進められている．普遍化，多元化，分権化，自由化，計画化，総合化，専門職化，自助化，主体化，地域化などの福祉改革の特徴のなかで，特に主体化，自助化，地域化は，生活する者が自ら選択し，利用し，ウェル・ビーイングをつくりだすことを企てるものである．公（↔私）あるいは官（↔民）に依存しつつあった福祉を，新しい「公」あるいは「共」（セルフヘルプ・グループや住民参加型サービス，NPO，ボランティアなど）で担ったり，民で担う選択肢も考えられるようになっている．福祉サービスの利用者が参加し，権利を行使する受け皿として，また相互作用を及ぼし合う供給側の最適な福祉ミックスをつくりあげる主体として個人は措定されつつある．生活経営は，福祉ミックスの選択をはじめとする個人としての生活経営—自立と，新しい「公」あるいは「共」の形成のための生活組織の経営—共同・協同，そのネットワークづくりの次元をもつようになっており，それらを関係づけて行う必要がある．

c. 生活主体と生活経営

(1) 生活主体と生活者

生活主体については，「生活を科学的に認識し，生活の目標・課題・問題を設定・発見・解決する意識的積極的な取り組みを実践する個人」（伊藤セツ，1989，p.181）との規定にみられるように，個人に限る場合が多いが，従来，生活上の共同性が高いとされた家族については，「家庭経営学でいう生活主体とは家庭経営の中心をなす一対の男女＝夫妻であるが，単身の場合は，その個人」（同上，p.182）と，経営の中心をなす複数の人をさす場合もある．ここでは，主体性をもって生活を営む個人を生活主体，生活を営むための組織（家族や非営利組織など）を生活組織，その経営をする単数あるいは複数の人を生活組織主体として区

5.3 生活経営主体のエンパワーメント

別する．

　生活の営みは，個人と生活組織を中心にしながら，地域社会，国，国際社会，地球環境との関係を深めている．個人からみると，① 私的個人として，生存・生活・人生の経営，② 労働者として，企業組織に属する，労働市場への参加，③ 消費者，貯蓄・投資者として，消費財・サービス市場，金融市場への参加，④ 家族という生活組織の家族員（役割・責任）として，家庭経営に参画，⑤ 地

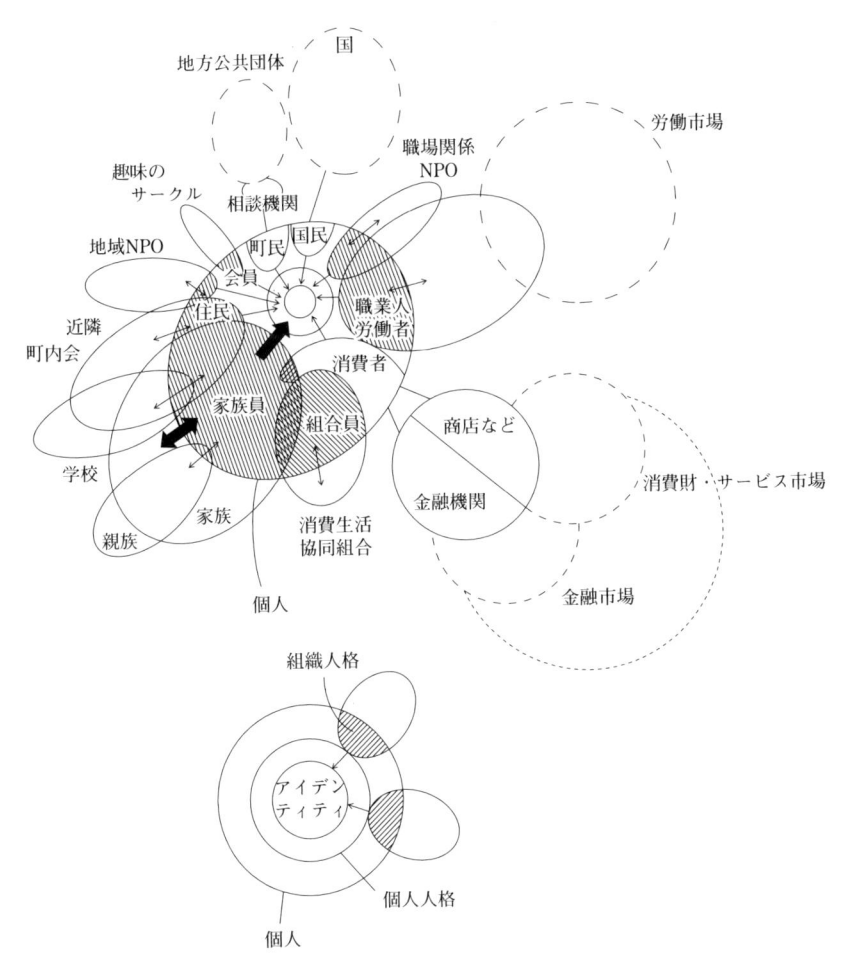

図5.1　個人と社会との相互作用（御船美智子，2000，p.281に加筆・修正）

域のNPOという生活組織に属し，その経営に参画・参加，そのネットワークで地域経営（運営）に住民として参加，⑥市民・国民として行政・政治参画する，⑦NGOとして地域・国際社会に参加・参画する，⑧地球上に生きるものとして地球環境に責任をもつなど，さまざまな属性や役割をもちながら生活をしており，図5.1に示される．複数の役割や属性をもつ，社会科学的な存在を「生活者」とする．複数の役割や属性をもつ個人が，組織人格と個人人格の統一を図りアイデンティティを確立しながら生活しようとする意識が，生活主体意識であり，それを働かせる具体的方法が生活経営である．

(2) 生活組織の経営

近年，生活経営で重要な分野として，「市民主導の都市創造」「パートナーシップ型の住民参加」「非営利組織の経営」などに示される，生活組織の経営やその連携がある．非営利組織の経営では，「使命」を必須条件として重視し，使命を担う「人」，使命感をもつ「人」に最も関心を注ぐ．使命とは，「人間の愛情を生かせる社会」「人がそれぞれの能力を発揮して，自由に生活できる共同社会」（田中尚輝；1998, p.146）など社会の普遍的な利害を代表するもので，「人の心の根底にある助け合いの根源的な意志＝『ラディカル・ウィル』によって喚起され，社会的な課題に挑戦」するものである．田中によれば，使命を実現するためにボランティア精神と効率性が非営利組織の経営に不可欠である．お金や人事などによる強制力を用いる企業組織と異なり，非営利組織では，明確な使命をもったメンバーの自発的な善意を効果的に組み合わせて成果をあげる，成果をあげてメンバーの充実感を確保し参加意欲を高め，相乗効果をあげる工夫が必要となる．非営利組織の具体的経営方法については，誰を対象者（顧客）にするか，何を提供するか，どのように提供するか，成果は何か，マネージメント機関は充実してきたかの五点であるとされるが，特に，成果のとらえ方が重要に思われる．ドラッカー，P. F.（上田惇生・田代正美訳，1991）は「非営利機関は人間を変革する機関である．したがって，その成果は，常に人間の変化の中にある．すなわち成果は，人間の行動，環境，ビジョン，健康，希望そしてなかんずく人間の能力と資質に現れる…最終的には，ビジョン，基準，価値，責任，そして人間の能力をどれだけ創出したかによって，自らを判定しなければならない」ととらえる．主体や対象者の能力を育成することが成果である．人の育成に成功している知人から

の話として，ドラッカーが紹介していることであるが，人を育成するためには，導いてやる相談役，技術を伸ばしてやる教師，進歩を評価してやる判定人，励ましてやる激励者を与えることが効果的であるという．生活組織が共同によって主体形成を担うのである．

d．主体性と生活主体形成
(1) 自立と主体性

「一人ひとりが自分の人生の主人公になる」，現代日本社会が前提にし，支持している価値である．しかしこのことは簡単ではない．「自分の人生の主人公になる，社会に責任をもつ主人公になる」ためのエンパワーメントが必要な時代となっている．生活における主体性については，「生活を科学的に認識し，生活の目標・課題・問題を設定・発見・解決する意識的・積極的な取り組みを実践する個人」という生活主体の定義から概略的な内容を推し量ることはできるが，「意識的な取り組み」とは何で，「実践」の内容は何なのか必ずしも明らかではない．人生の本当の成功のために重要なことは何かを追究し，実践的な方法を提示したコヴィー，S. R.（1996）はこの点について説得的な理論を展開している．

コヴィーの提案する実践的方法は，『7つの習慣』，すなわち，①主体性を発揮する―自己責任の原則，②目的をもって始める―自己リーダーシップの原則，③重要事項を優先する―自己管理の原則，④win-win（自分も勝ち，相手も勝つ，つまり当事者がお互いに欲しい結果を得るように合意や解決策を打ち出すこと）を考える―人間関係におけるリーダーシップの原則，⑤理解してから理解される―感情移入のコミュニケーションの原則，⑥相乗効果を発揮する―創造的な協力，⑦刃を研ぐ―バランスのとれた自己再新再生の原則である．

コヴィーは，人間の発達過程を，依存から自立へ，自立から「相互依存」へと成長するプロセスととらえ，依存から自立へ導くのは，先の7つの習慣のなかの①主体性発揮，②目的をもって始める，③重要事項を優先する，の三点であるとする．自立と主体性の関係は，自立の必要条件として主体性が位置づけられている．さらに自立から「相互依存」へと成長を促すのが，④win-winを考える，⑤理解してから理解される，⑥相乗効果を発揮するという三点であるとする．

注目すべきことは，コヴィーによる主体性のモデルである．図5.2に示すよう

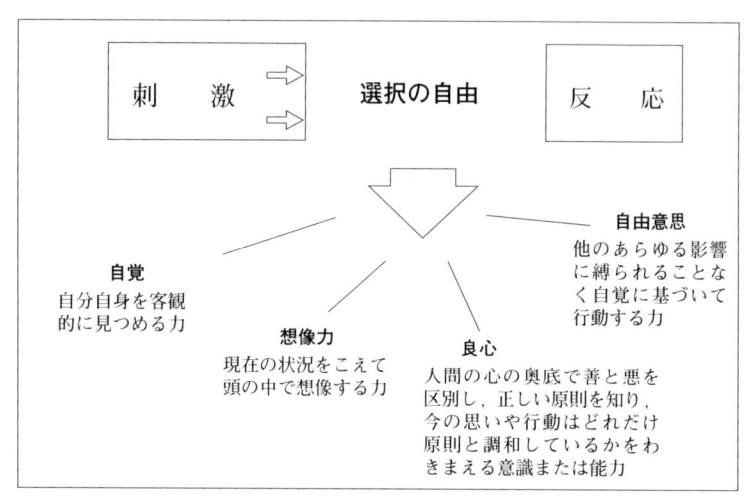

```
                刺激  ⇒   選択の自由      反応
                      ⇒
                          ⇓
                                          自由意思
         自覚                              他のあらゆる影響
         自分自身を客観                    に縛られることな
         的に見つめる力                    く自覚に基づいて
                                          行動する力
                   想像力        良心
                   現在の状況をこえて  人間の心の奥底で善と悪を
                   頭の中で想像する力  区別し、正しい原則を知り、
                                      今の思いや行動はどれだけ
                                      原則と調和しているかをわ
                                      きまえる意識または能力
```

図 5.2 主体性のモデル
(コヴィー, S.R. 著, スキナー, J.・川西 茂訳, 1994, 同, 1998 より作成)

に，主体性のある人間とは，刺激と反応の間に，自覚，想像力，良心，自由意志の四つの特質による選択の自由をもち，反応を選択する力をもった人間である．自覚とは「自分自身を客観的に見つめる力」，想像力とは「現在の状況を超えて頭の中で想像する力」，良心とは「人間の奥底で善と悪を区別し，正しい原則を知り，今の思いや行動はどれだけ原則と調和しているかをわきまえる意識または能力」，自由意志とは「ほかのあらゆる影響に縛られることなく自覚に基づいて行動する能力」である．主体性は，反応を選択する能力といえる．コヴィーによれば主体性の反対は「反応性」である．主体性とは，同時に，「自分の人生に対する責任をとること」(コヴィー, 1996, p.86)，行動の責任をとることである．責任＝responsibility は反応 (response) と能力 (ability)，つまり反応を選択する力を発揮することであり，結果にも責任をもち，状況や環境のせいにしないことである．主体性の最も基本は，感情や状況や環境に影響されながらもそれに左右されるのではなく，自分の価値観に基づいて行動することである．

(2) 主体形成の生活経営

主体性のうえに，目的（ミッション：個人的な信条）をもち，重要事項を優先することで自立状態が可能となる．重要事項の優先に関わる時間管理についての彼の関心は，労働・休養・余暇の生活時間の実態ではなく，管理対象としての時

間である．時間管理のマトリックスとして，緊急-緊急でない，重要-重要でないという2軸，4領域を設定し，緊急性はないが重要な領域に集中することを自己管理の要としている．

　以上のコヴィーの考え方は，生活経営・家庭経営学の基本的なキーワードである価値観，目標，資源，マネージメント過程・意思決定などと関連づけられる考え方を含んでいるにとどまらず，従来，生活経営学が意識的には関連づけなかった経営行動と生活主体の能力との関連づけをしている．従来の生活経営学が「資源管理」という形で客体の管理を独立させて（意思決定と資源管理を分離して理論化していること，人間の能力や対人的な親和なども資源と見なす方法によって客体化していることなどをさす）多くの関心を払っていたのに対し，コヴィーは，生活主体に具体的に注意を払って，その経営行動（コヴィーは経営という言葉は使わず，習慣という言葉を使っている）によってエンパワーする生活者の理論化モデルとその経営方法を提示している．

e．エンパワーと生活経営学
(1)　共同・協同・共生とエンパワー

　コヴィーの理論をエンパワーの生活経営論として位置づけたい理由として，さらに，①依存→自立→「相互依存」という人間発達段階の措定と，②彼が示した「相互依存」の内容の二点がある．第一は，従来，生活経営学が必ずしも行わなかったキーワードの総合的な関連づけを，依存→自立→「相互依存」という人間発達段階に沿って文字通り総合化（並列ではなく，関連づけた）していることである．自立と共同の新しい関係を模索する現時点の生活経営学の課題を一歩進めるための考えに通じる．第二の「相互依存」の内容はさらに重要であり，共同のあり方のモデルについて構造を示している点が注目される．共同・協同・共生など社会や組織，集団の共同のあり方については，従来，さまざまなモデルが提示されている．共同とは，「2人以上の人が仕事をいっしょにすること，2人以上の人が同じ資格で結合すること」，協同とは「力を合わせること」（『新潮国語辞典』第2版，1995）とされ，両者は同義で使われている場合もあるが，ここではむしろ差を強調したい．共同は「共に」という点が重要で，土地や家屋の共同が基礎にある．協同は「自立した個人を前提としたつながり」（野村秀和ほか，

1994) で，協同の社会システムのための主体的条件は，隣人の暮らしに自分の関心を膨らませる，要求を敏感に受け止めるような暮らし方ができるようになっていく（p.59）ことである．また近年では共生が支持されている．共生は一般的には「共に生きること」と定義できるが，生物の世界での共生と，人間と生態系との共生，人間社会での共生は異なる．人間社会での「共生（conviviality）」については，「異なる者同士が，自由で対等な相互活性化的関係を作って日常生活を営むこと」（栗原あきら「共生」『福祉社会事典』）ととらえられる．栗原によると共生は，「共生の方へ」という動きを含んでおり，① 差別の克服，人間として対等な関係に立つことを課題としている，② 多数者が少数者に強いる価値意識，生活様式，文化などの同化の克服，多文化主義，③ コミュニケーション（双交通）ではなく「異交通」として成立，④ 自己アイデンティティへの自由，アイデンティティからの自由といった課題を提起している言葉である．差異を尊重し，それだけでなく相互の変容や，自己認識，さらにアイデンティティからの自由など，自由を新しい方向に拓く契機となるキーワードである．自立・自由・共同のミックスと組織・人間関係・ネットワークのミックスなど，社会と個人のあり方の多様な選択肢を提示している．

(2) エンパワーする生活経営

コヴィーによる「相互依存」概念も，こうした検討の一つと位置づけられるが，特に個人の生活経営上の方法を，人間関係づくりを基礎に展開している点が注目される．共生社会の基礎条件を個人の人間関係づくりに見いだし，それをエンパワーの内容として考えていると思われる．コヴィーの「相互依存」概念は「自立よりはるかに成熟した高度な概念…（中略，以下同様）自力で結果を出す能力をもっていることはいうまでもないが，他の人と協力することによって，より優れた結果を達成することができる…内的に自分自身の価値を強く感じながらも愛の必要性を認め，他の人に愛を与えることも，他の人から愛を受けることもできる…自分の考えだけでなく，他の人の優れたアイディアや思考をも活かすことができる…．相互依存とは自立した人しか選べない領域である．依存している人が相互依存に入ることはどうしてもできない．なぜなら，彼らにはそれだけの人格と自制の力がないからである」（コヴィー，1994，p.59）という内容である．

5.3 生活経営主体のエンパワーメント

　この「相互依存」の概念は金子郁容（1992）の「動的情報」とそれが発生するプロセスとしての「ネットワーク」との共通点をもつ．金子の「ネットワーク」とは「相互作用の中での意味形成のプロセス，自発性を基礎にする関係形成のプロセス，関係変化のプロセス」の意である（p.123）．また，内橋克人（1994）の「共生」も，組織間の例であるが，例えば「顔が見える国際協力」のあり方として，①双方の市民，住民が合意を形成し，対等な立場で共同作業を展開，人の交流，知恵の交換による価値の共有，②たがいの役割をきびしく認識，役割を分担しながら展開，援助する側の奢り，される側の甘えを引きずらない，③援助する側，される側がどちらにも全面依存せず，支え合う関係の「相互扶助の協力活動」，④結果において受け手側の経済的自立達成，⑤地球環境維持と矛盾しないという五点をあげている．個人間でも組織間でも，それぞれの自立と関係づけの相互作用があり，特に個人間の関係づけによる，個人のエンパワーメントの経営的な要素を読み取ることができる．

　また「相互依存」への道標として示される win-win（相互利益）を生み出す人間関係におけるリーダーシップ原則（人格，関係，合意，システム，プロセス），理解してから理解される感情移入のコミュニケーション原則，相乗効果を

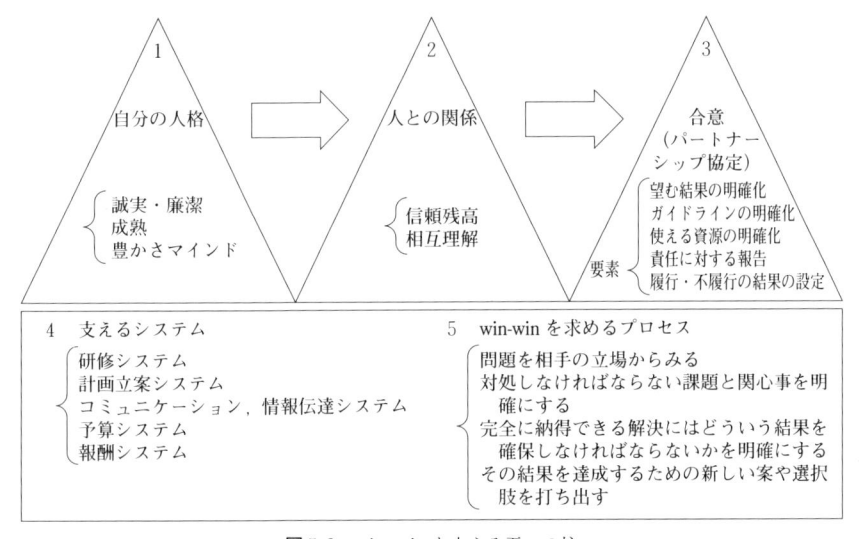

```
 1                    2                    3
自分の人格    →    人との関係    →    合意
                                      （パートナー
                                       シップ協定）
 誠実・廉潔          信頼残高          望む結果の明確化
 成熟                相互理解          ガイドラインの明確化
 豊かさマインド                        使える資源の明確化      要素
                                      責任に対する報告
                                      履行・不履行の結果の設定

 4  支えるシステム         5  win-win を求めるプロセス
    研修システム              問題を相手の立場からみる
    計画立案システム          対処しなければならない課題と関心事を明
    コミュニケーション，情報伝達システム   確にする
    予算システム              完全に納得できる解決にはどういう結果を
    報酬システム              確保しなければならないかを明確にする
                              その結果を達成するための新しい案や選択
                              肢を打ち出す
```

図5.3　win-win を支える五つの柱
（コビィー，S.R. 著，スキナー，J.・川西　茂訳，1994 より作成）

発揮する創造的な協力原則は，エンパワーに有効な内容が示されている．それは図5.3に整理できる．

(3) エンパワーメントの生活経営学

「相互依存」に関してコヴィーの「目標達成の問題は目標達成能力の機会である」という見方は卓越している．子どもの抱えている問題を，親として重荷だと考えず，子どもとの関係を築くよい機会であると解釈する．問題を，能力を高める機会と考えるのである．目標達成を単独で考え，能力を資源・手段と考えるだけでなく，能力を高めることを常に重視することは，主体のエンパワーの生活経営学にとって有効な見方である．問題をマイナスにとらえるのではなく，目標達成能力の機会ととらえる考え方をさらに進めていくと，エンパワー（能力の育成）のためには「問題解決」だけでなく，「機会創造」が有効であるといえないだろうか．問題は生活を取り巻く社会に対する認識力によって見いだされ，機会創造は拓かれた社会，相互関係の中で想像力によって見いだされる．生活の質が，所得などの経済社会環境や制度条件だけでなく，身近な人間の相互作用によって規定される現代社会では，前者だけで生活の充実を図ることは不可能であり，後者の条件整備や能力開発が必要となっている．

以上のように，自立とそれを前提にした個人や共同のあり方，自立とそれを可能にする個人や共同のあり方のモデルとして「相互依存」や「相互作用」「ネットワーク」「共生」が示されつつある．こうした，新しい家族，NPO組織や地域社会や情報社会の実践から生まれた理論は，経営主体のエンパワーモデルを，関係や媒介を通して説明している．従来の生活経営学では，人の能力が，人的管理の対象として，あるいは，個人的資源，対人的資源というように「資源」，客体として扱われることが多かった．また，主体的能力が必要で，それを育成すべきであり，そのためには皆で「協力」すべきであると，規範として単純に扱われてきたが，以上紹介した理論は，一歩進めて，どのような構造のなかでどのような「協力」が成り立つのかを示しているといえる．

生活経営学は，実態の分析を通じて理論化し，理論枠組みを再び実態のあり方にもどして，生活の向上を図る契機となる学問である．生活経営学独自の認識は，実態の分析から理論化する場合の，生活経営学の概念と視点の蓄積によって可能となる．同時に経営視点を概念化し，それをもって実態の分析をし，実態に

語らせる必要がある．本論では後者に力点を置いて，コヴィーの理論を整理・援用してさしあたりの概念化を進めてきたが，生活経営学の今後の課題は，さしあたりの概念によってさまざまな生活実態を再構成し，解釈したうえで概念化を進めることである．生活経営行動の分析経験と概念化の相互作用によって，生活経営の概念と視点を蓄積・理論化・検証して，生活経営学の展開を図ることが課題である．同時に，めまぐるしく，複雑化する社会の中で，個人が人生と社会の主人公になることのできるエンパワーメントの生活経営学の構築は急務の課題といえる．

(御船美智子)

文　　献

秋元律郎・坂田正顕，1999，『現代社会と人間』学文社

伊藤セツ，1989，「新しい生活様式の創造と選択のために」日本家政学会編『家庭生活の経営と管理』朝倉書店

井上　繁，1996，『市民主導の都市創造—パートナーシップ型の住民参加を考える』同友館

内橋克人，1994，『共生の大地』岩波書店

金子郁容，1992，『ボランティア—もうひとつの情報社会—』岩波書店

経済社会のあるべき姿と経済新生の政策方針（1999年7月8日閣議決定）「ESP」No. 329

コヴィー，S. R. 著，スキナー，J.・川西　茂訳，1996，『7つの習慣』キング・ベアー出版

コヴィー，S. R. 著，スキナー，J.・川西　茂訳，1998，『ファミリー 7つの習慣 家族実践編 上，下』キング・ベアー出版

庄司洋子ほか編，1999，『福祉社会事典』弘文館

世古一穂，1999，『市民参加のデザイン』ぎょうせい

田中尚輝，1998，『ボランティアの時代』岩波書店

ドラッカー，P.F. 著，上田惇生・田代正美訳，1991，『非営利組織の経営』ダイヤモンド社

日本家政学会編，1989，『家庭生活の経営と管理』（家政学シリーズ2）朝倉書店

野村秀和・奥村　宏・加茂利男・川口清史・中田　実，1994，『協同の社会システム』法律文化社

御船美智子，2000，「生活の自立と消費者の自立」及川昭伍・森島昭夫監修，国民生活センター編『消費社会の暮らしとルール』中央法規

基 礎 資 料

A. 図　表

図表1 高齢社会の進行

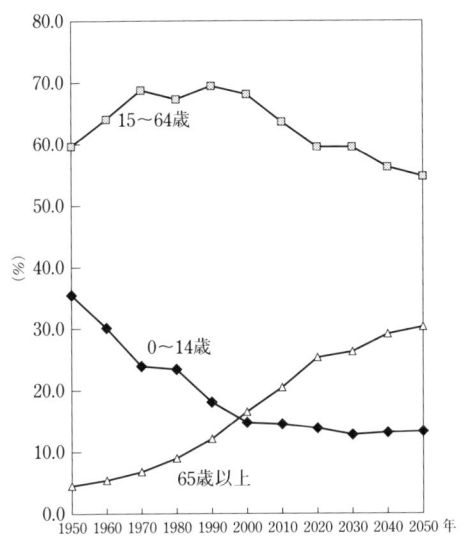

総務庁統計局『国勢調査』
社会保障・人口問題研究所『日本の将来推計人口』(1997)

図表2 シングル化が進む

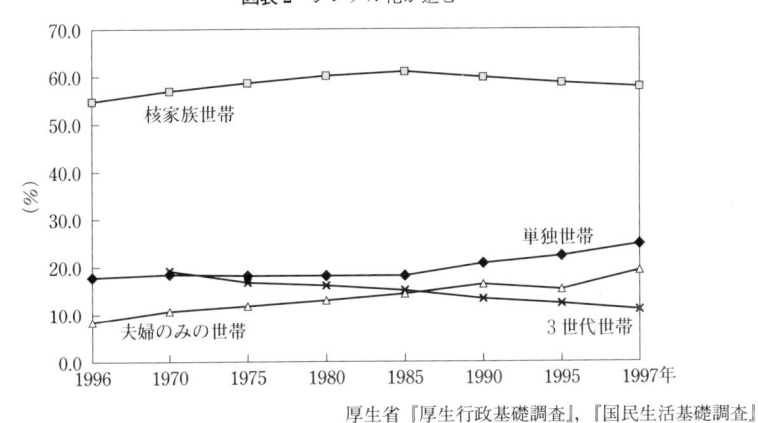

厚生省『厚生行政基礎調査』,『国民生活基礎調査』

図表3　上昇してきた生活費

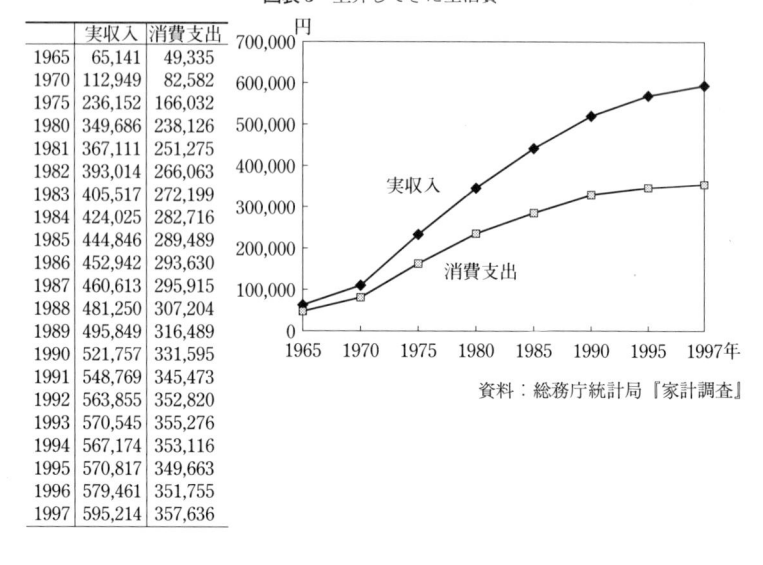

	実収入	消費支出
1965	65,141	49,335
1970	112,949	82,582
1975	236,152	166,032
1980	349,686	238,126
1981	367,111	251,275
1982	393,014	266,063
1983	405,517	272,199
1984	424,025	282,716
1985	444,846	289,489
1986	452,942	293,630
1987	460,613	295,915
1988	481,250	307,204
1989	495,849	316,489
1990	521,757	331,595
1991	548,769	345,473
1992	563,855	352,820
1993	570,545	355,276
1994	567,174	353,116
1995	570,817	349,663
1996	579,461	351,755
1997	595,214	357,636

資料：総務庁統計局『家計調査』

図表4　賃金の男女格差の大きい日本

年	韓国	フランス	ドイツ	イギリス	オーストラリア	日本
1980	44.4	79.2	72.4	69.7	86.0	54.6
1985	47.8	81.4	72.8	69.5	87.2	52.9
1990	53.5	80.8	73.2	70.6	90.8	51.3
1995	59.6	—	74.2	79.3	90.0	52.5

資料：ILO「Year Book of Labour Statistics 1996」
労働省『毎月勤労統計調査』（日本）

図表5　社会保障給付費の拡大

年	対国民所得費
1970	5.8
1975	9.5
1980	12.4
1985	13.7
1990	13.7
1995	17.0

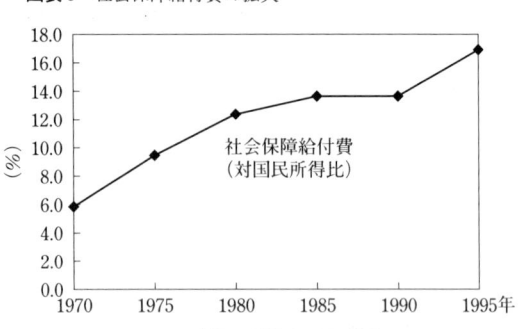

資料：経済企画庁『国民経済計算年報』

基　礎　資　料

図表6　多様な保育形態

(国庫補助を受けたもの)

年　度	1986	1987	1988	1989	1991	1996
乳幼保育（所数）	2,998	3,320	3,738	4,340	5,662	7,850
延長保育（所数）	370	411	487	746	952	2,830
夜間保育（所数）	25	26	27	30	365	38
障害児保育（人数）	4,493	4,870	4,870	4,920	5,249	7,270

厚生省児童家庭局

図表7　市民活動団体

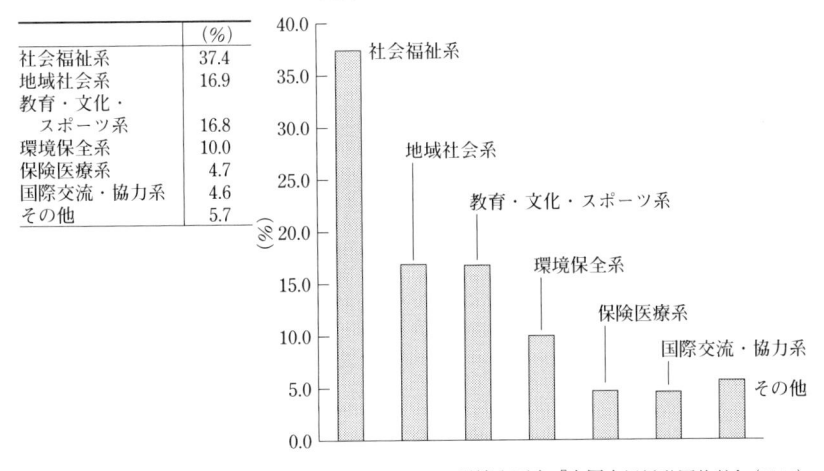

	(%)
社会福祉系	37.4
地域社会系	16.9
教育・文化・スポーツ系	16.8
環境保全系	10.0
保険医療系	4.7
国際交流・協力系	4.6
その他	5.7

経済企画庁『全国市民活動団体数』(1996)

B. 用　　語

■少子高齢社会

　国連の定義によると，65歳以上の高齢者が全人口の7％に達した社会を高齢化社会，14％になると高齢社会という．したがって，高齢社会は単に高齢者が多いというだけでなく，社会全体の中で若い世代の比重の小さい社会でもある．

　日本では，1994年に高齢社会になったが，これに加えて出生率の低下も続いている．特に，合計特殊出生率が1998年には1.37となり，人口減少社会への脅威として受けとめられている．

　少子高齢社会では，家族のあり方だけでなく，社会保障制度や雇用制度などとの関係からも新たな政策課題が問い直されているが，社会システムの維持という立場だけからでなく，一人ひとりの生活を尊重する立場からの議論が必要であろう．

■人権尊重

　歴史的には，18世紀の市民革命においてアメリカおよびフランスで成立した自然権としての人権宣言から始まる．その後19世紀には国家を前提とした権利が加えられ，20世紀になると，社会権や生存権などの基本的人権の保障が規定された．

　日本では，第二次世界大戦後，日本国憲法によって自由権，平等権，社会権，受益権そして参政権なども含めた基本的人権が示された．また，1948年の世界人権宣言によって人権の国際的保障の動きが始まった．現在，国の内外で一人ひとりの生活を尊重することの大切さは強調されているが，必ずしも保障されているわけではない．特に社会的に保護が必要な者に対しては，人権尊重の姿勢が必要であろう．

■ノーマライゼーション（normalization）

　1950年代にデンマークなど北欧諸国で社会福祉の実践理念として注目され，知的障害者を施設から地域へ復帰させる運動に使われた．日本には1980年代に導入され，社会福祉の広い分野での理念として普及してきた．

　障害者や高齢者ができるだけ普通の社会環境で生活できるようにすることは，その他の人びとにとっても住みやすい環境をつくることであろう．多様なニーズをもつさまざまな人が対等な立場で街や社会福祉サービスの発展に参加していくことが，ノーマライゼーションを実現する途であるだろう．

■生活の社会化

　個人や家族の生活が家庭の内部では充足できなくなり，家庭外の施設や機関に依存するようになることをいう．生活の社会化は，商品化，社会サービス化そしてボランティ

アなどのサービス供給によって推進される．日本では，商品化主導型の生活の社会化が進んできたために，利便性や機能性は増したが，人間関係の希薄化や生活技術の低下などが顕著な生活課題となっている．

　生活の社会化によって広がる生活機会や社会的ネットワークを活用しつつ，生活裁量力や生活文化を高めるような方向が模索されなければならない．

■ ジェンダーフリー（gender free）
　ジェンダー（gender）とは，社会的・文化的につくられた性差のことで，生物学的な性別（sex）と区別して用いられる．ジェンダーフリーとは，ジェンダーから解放され，自由になることである．固定化された性別役割，性差別，性の不平等，機会や資源の不均衡な配分，ジェンダーに期待される行動や態度など，ジェンダーが形成され，維持される社会構造自体を問題にし，そこからの変革を目ざすことである．

■ 男女共同参画社会（gender-equal society）
　「男女が社会の対等な構成員として，自らの意思によって社会のあらゆる分野における活動に参画する機会が確保され，もって男女が均等に政治的，経済的，社会的及び文化的利益を享受することができ，かつ，共に責任を担うべき社会」であると男女共同参画社会基本法に定義されている．「参加」から「参画」への転換は，男女ともに主体的に対等にかかわることであり，個々人の自立を基盤とする共同が確立した社会の形成を意味している．

■ ペイエクイティ（pay equity）
　コンパラブルワース（comparable worth）とも呼ばれる「同一価値労働同一賃金原則」のことである．ILO 100号条約が採用している原則で，同一価値の労働に対しては同一の賃金を支払うべきであるという原則である．従来の同一労働同一賃金の原則では男女の賃金格差が解消されず，女性の労働の価値を再評価するために提起された．男女間ならびに職種間格差の是正も期待される．日本では賃金のあり方そのものを見直す契機になっている．

■ バリアフリー（barrier free）
　障害をもつ人でも地域の中で普通に暮らせる社会づくりをめざすノーマライゼーションの理念に基づいて，身体的・精神的な障壁（バリア）を取り除こうという考え方．社会生活上の不利となる条件や環境，社会参加を制限するような制度，移動をはばむ交通や建築物などの物理的環境，差別や偏見というような意識などの障壁を，誰もが自立して自由に生活していけるようになくしていくことを意味する．

■**ユニバーサルデザイン**（universal design）

　すでに存在するバリアを取り除くのではなく，デザインの段階から高齢者や障害者に配慮したまちづくりを目ざすことを意味している．誰もが安全かつ円滑に行動できるように，公共交通機関，歩行環境，公共的建築物などの建築設計段階からバリアフリーを導入したまちづくりの計画を立てるとともに，福祉施策との連携により生活支援機能を備えた住宅設計を行うなど，最初からバリアのない生活環境計画を行うことである．

■**セーフティネット**（safety net）

　生活安定のための制度や共同性の規範のことで，日本においては長期雇用・終身制，年功制，企業内福利厚生という日本的雇用制度と性別役割分業を基盤としてもち「近代家族モデル」と一体化した「企業中心主義」を特徴とする．本来は社会保障がセーフティネットの役割を果たす．しかし，経済のグローバル化，少子高齢社会のもと，「企業社会」とともに社会保障制度の方向転換の企図されている現在，それに代わる多元的で自発的な新たな共同とそれに支えられたセーフティネットも必要とされている．

（松村祥子・赤塚朋子）

あとがき

　本書は，日本家政学会生活経営学部会の発足30周年を記念して刊行したものである．本書が刊行される西暦2000年は，戦後最大の不況のなかにある．中高年の失業者，学卒年齢層の失業者と無業者が増加している．自殺者は昨年以来3万人を超す数字に達している．なかでも働き盛りの中年男性の自殺者増加が著しい．「所得は年々上昇するもの」という"常識"が，今や完全に崩れた．同じように，「人口は増加するもの」という"常識"も，近い将来変わるはずである．このように半世紀にわたって形成されてきた社会と生活の枠組みが，今大きな変貌をとげつつある．このような時代に生きるには，真摯な探求の努力と柔軟な思考が何よりも必要であろう．

　生活経営学部会が発足した1970年代以後の30年間は，高度経済成長期を経て手に入れた高い生産力を，いかにして生活の実質的な豊かさに結びつけていくのか，また，地球環境の持続と豊かさとの間の調和をどのようにして実現するのか，公正と平等をどのように実現するのか，という課題と取り組んできた時代であったといえよう．

　1970年代の生活経営学は，研究の主要な対象を生活の本拠地としての家庭に置き，国家や産業社会に対して個人生活の主体性を確保しながら，豊かさをどのように実現していくのか，という見地から研究を展開した．高度成長期が終わった1970年代には，すでに生活の社会化が進んでいたことから，家庭を対象とする研究は家庭を取り巻く産業社会や国家セクターを組み込んだ研究へと発展した．このように，私生活に影響を及ぼす産業社会や国家の政策・制度の動向に常に注意を払い続けてきたことは生活経営学部会の伝統ともいえよう．

　1981年に刊行した『「日本型福祉社会」と家庭経営学』（10周年記念事業）は，政府の福祉政策の動向に焦点を当てて，国家の政策が個人生活にどのような影響を及ぼすのかをテーマに，議論を展開している．次いで1991年に刊行した『21世紀のライフスタイル』（20周年記念事業）は，生活の質への関心の高まりとい

あとがき

う時代状況のなかで，高い質をもつ生活とは何か，それを担うライフスタイルとは何かというテーマに取り組んだものであった．生活の質を構成する要素が，経済的・物質的なものだけでなく，時間，生きがい，社会関係，公正や公平性を含むトータルなものであるという認識は時代の思潮と一致していた．この頃から，研究の対象は，集合体としての家庭から一歩進んで，集合体を構成するひとりひとりの個人へと深化していった．また，家庭・家族にとどまらず多様化する生活組織へと研究の関心は拡大した．集合体から個人への深化という流れは，扱う対象側の変化にそったものであったが，同時に個性をもつ個人の集合体として，生活組織を扱おうとする研究方法の進化でもあったといえよう．

このような学会の流れを受けて，本書では家庭生活あるいは生活への認識はより一層深まり，柔軟になっている．また，生活経営とは，生活主体が，生活組織，地域，市場，国家，環境のインターフェイスにおいて行う統括的な行為であることがいよいよ明確になってきていると思う．

本書では，生活の主体がこれまで以上に認識され，「自立」というタームを用いて展開されている．さらに個人が人生と社会の主人公となる社会がモデルとして設定され，自立した個人による共同が，次の時代の特徴となるだろうと予想されている．「自立にもとづく共同」こそが，福祉社会を作る決め手であるというコンセプトが，本書を貫く幹である．

本書の刊行にあたっては朝倉書店編集部の方々に大変お世話になった．近年の厳しい出版事情のなかで，出版をお引き受けいただいた朝倉書店に，記して感謝の意を表したい．また，企画から刊行にこぎ着けるまで2年間にわたって編集の労をとっていただいた生活経営学部会編集委員の方々に厚く感謝する次第である．

2000年3月

(社)日本家政学会生活経営学部会長

宮本みち子

索　引

あ　行

遊ぶ権利　38
新しい社会運動　20
アンペイドワーク　58, 64

生きる力　146
育児支援政策（エンゼルプラン）　67, 70
意思決定　143
依存　2, 11
一般児童の健全育成　39
医療保険　78
医療保険制度　25
インフォーマル・エデュケーション　147

内堀と外堀の家庭管理　6

益税　130
NPO　94, 99, 139
NPO/NGO　148
NPO法　88
NPO法人　92
エンゼルプラン→育児支援政策
エンパワー　151
エンパワーメント　55, 151
エンパワメント実践　96
エンパワメント的機能　96
エンパワーモデル　162
エンプロイアビリティ　110

か　行

介護サービス計画　84
介護支援専門員　84
介護報酬　92, 94
介護保険　5
介護保険事業計画　96
介護保険審査会　81
介護保険制度　25
介護保険法　26
画一主義　18
確定拠出型年金　119
学童保育　39
学歴競争　33
家事労働の社会化　8
家政学　3
家族　135
　　──の個人化　18
家族員　155
家族賃金　105
家庭科教育　144
家庭管理能力　3
家庭基盤充実論　70
家庭経営学　3
家庭生活の学校化　37
カフェテリアプラン　121
環境醸成　143
関係不安　47

機会創造　162
企業　136
　　──の住宅施策　116
企業社会　101, 112, 118
企業年金制度　110
企業別組合　101

企業ベビーシッティング　65
規制緩和　28
逆選択　125
逆転現象　131
教育・学習　62
教育政策面　67
共助　21
共生　53, 160
行政　136
共同　21, 133, 159
　　──の枠組み　57
協同　159
協力原則　162
近代家族　32
近代家族モデル　105

空洞化問題　130
苦情解決　28
クリームスキミング　125
グループホーム　83
グローバル・スタンダード　101

ケアプラン　92
経済的自立　4
経済のグローバル化　101
経済不安　46
契約の適正化　96
契約方式　88, 97
権利擁護　28

個　122
公助　21, 132
公的セクター　148, 149
公的年金制度　124
公的保育所　65
高齢者世帯の分布　45
高齢者保健福祉推進十カ年戦略（ゴールドプラン）　76, 89
高齢者を含む世帯構成　44
国民皆年金　127
国民年金の空洞化問題　128
個人　134

個人化　12, 20
個人化理論　14
個人史的事業　14
個人単位賃金　111
個人ネットワーク　44
個人モデル　153
コース別賃金管理　105
子ども観　33
子ども期　33
子ども組　33
子どもの権利条約　33, 68
個の自己決定権　111
個の「独立性」　118
コミュニケーション原則　161
雇用管理　61
雇用の規制緩和＝市場化策　102
雇用の流動化　102, 119
ゴールドプラン→高齢者保健福祉推進十カ年戦略

さ　行

在職老齢年金制度　128
最低基準の規制緩和　69
最低生活保障　27
裁量労働制　109
サッチャリズム　15
サービスの質　28
サポートネットワーク　44, 49
産業化　88, 91, 92, 96

支援　7
ジェンダー　131, 146
ジェンダーフリー　6, 169
自覚　158
資源管理　159
自己決定　12, 97, 154
自己責任　12, 16, 20, 153
自己選択　97
自助　21, 132
自助努力　126
肢体不自由児施設　39
市町村特別給付　86

私的個人　155
私的セクター　148, 149
児童虐待　36
児童憲章　34
児童自立支援施設　39
児童相談所　36
児童手当　40
児童福祉法　34, 66, 68
児童福祉法改定　26
児童扶養手当　40
児童養護施設　39
市民　56
市民化　88, 91, 92, 96, 99
市民参加型　139
使命　156
社会関係　48
社会システム　139
社会政策面　67
社会的介護基盤　25
社会的活動時間　59
社会的資源　41
社会的自立　4
社会的ネットワーク　44
社会的排除　14
社会的ファンド（基金）　30
社会認識　151
社会福祉基礎構造改革　69, 87
社会福祉基礎構造改革案　26
社会福祉協議会　77
社会福祉法人　77
社会福祉法人要件　28
社会保障構造改革　87
社会保障制度　22, 61
社会保障費抑制　23
社会保障補完機能　115
自由意志　158
就業形態の多様化　110
就業調整　131
終身雇用　101
集団主義　18, 21
住民　155
住民参加　23

住民参加型組織　89
住民主導　75
主体　144, 146
主体性　157
出生率の低下　17
生涯学習　149
生涯教育　145
少子化　29
少子高齢化　22, 124, 168
消費者　31, 155
　　——の権利　95
消費者本位アプローチ　95, 96
情報提供　28
職能給　103
職能資格制度　103
女子差別撤廃条約　58, 68
ショートステイ　83
自立　4, 11, 12, 17, 53, 133, 134
　　——の定義　2
自立支援　7
自律性　14
自立戦略　12
人格的自立　5
進学率　33
新家事労働　6
親権　40
人権尊重　168
新ゴールドプラン　89
身体的自立　4
身体不安　47

スティグマ（汚名）　27

生活　152
　　——の自己責任化　110
　　——の質　149
　　——の社会化　7, 8, 168
生活価値　143
生活技術　144, 145
生活給　103
生活共同　133～141
生活経営学　162

生活経営学(家庭経営学)部会　137
生活経営主体　151
生活資源　41, 140
生活者　1, 31, 144, 145, 154, 156
　　──の権利　75
　　──の自立　11
　　──の自立と共同　65
　　──の戦略　75
生活社会　153
生活者主体の保育　75
生活主体　62, 142, 146, 154
生活上のニーズ　41
生活自立支援　65
生活自立支援サービス　88, 96
生活戦略　73
生活組織　156
生活的自立　4
生活文化　145
生活保護世帯　5
生活保障の体系　22
生活問題　142
生活力　144
正規雇用者　104
制限福祉主義　23
精神的自立　4
生存　152
成年後見制度　96
政府　56
性別役割分業の再固定化　105
性別役割分担　57
世界女性会議　55
世代間の公平性　132
世代間扶養　124
世帯単位の原則　29
世帯賃金　111
世帯分離　29
セーフティネット　9, 15, 103, 113, 123, 170
全身性障害者　4
選択権　28
選択性　14
選択の自由　16
選別主義　27

専門的社会福祉従事者　28

相互依存　57, 160
総合介護市民協議会　97
総合的学習の時間　146
相互利益　161
想像力　158
総報酬制　128
措置制度　68, 88, 97

た　行

第1号被保険者　79
待機児童　40
第3号被保険者　131
第三者評価　96
退職金制度　115
第2号被保険者　80
脱物質主義　20
男女共同参画社会　169
男女共同参画社会基本法　55
男女賃金格差　105
男女別離職理由　60

地域　135
地域社会　59, 138
地域福祉権利擁護事業　96
知的障害児施設　39
地方分権化　23, 30, 88
地方分権推進法　26
長寿化　29

定型教育→フォーマル・エデュケーション
デイサービス　83

同一価値労働同一賃金原則→ペイ・エクィティ
特定非営利活動促進法→NPO法
特別な保護を要する児童　39
特別養護老人ホーム「旭ヶ岡の家」　51
独立性　122

な行

ナショナルミニマム 23

21世紀福祉ビジョン 25
日本型確定拠出年金(401(k)) 126
日本型雇用システム 101
日本型福祉社会 6
日本型福祉社会論 29, 67
日本国憲法第24条 58
日本国憲法の理念 27
乳児院 39
入所手続き 69

ネットワーク 138, 140, 161
年金支給開始年齢 25
年金制度 24
年功賃金 101

能力給 103
ノーマライゼーション 6, 27, 168
ノンフォーマル・エデュケーション 147

は行

派遣労働 109
8時間労働制 109
パートタイム 110
パートナーシップ 55
バリアフリー 169
半額免除制度 130

非営利セクター 148, 149
非正規雇用者 104
非定型教育→インフォーマル・エデュケーション
被保護世帯 5

ファミリーサポートセンター 70
フォーマル・エデュケーション 146
福祉インフラストラクチュア 7
福祉改革 24
福祉環境 9, 29, 41

福祉国家 22, 123
福祉国家路線 16
福祉産業化 24, 30
福祉資源 29
福祉社会 22
福祉商品 30
福祉多元主義 24
福祉ミックス 21, 30, 92, 124
福祉見直し論 67
福祉六法 26
福利厚生 113
福利厚生の再構築 119
福利厚生の賃金化 121
福利厚生費の企業規模格差 116
不定型教育→ノンフォーマル・エデュケーション
普遍主義 23
プライヴァタイゼーション 15
フレンジベネフィト 118

ペイエクィティ 111, 169
ベビーシッター 71
ベビーシッター業 70
ベビーシッターシステム 74
変形労働時間制 109

保育所保育 73
保育7原則 67
保育の主体者 73
法定外福利費 114
法定福利 113
訪問入浴 83
保護主義 28
保護の撤廃 26
ポストモダニティ 12
ホームヘルプサービス 85
ボランティア 28

ま行

真野ふれあい住宅 50

未加入・未納者 128

民営化　91
民活化　23, 30
民間営利部門　77
民間非営利組織　88, 94, 98, 99
民間非営利部門　77

無償労働　58
無年金者　130

メガ・コンペティション時代　106

モダニティ　12
持ち家促進制度　118
問題解決　162
　――の個人化　19

や　行

有期雇用　110
ユニバーサルデザイン　170

要介護者　77
要介護認定　92
要介護認定申請　81
401(k)→日本型確定拠出年金

ら　行

ライフコース　61
　――の個人化　18
ライフスタイル　61
ライブリー・ポリティクスの時代　20

リスク社会　13
リーダーシップ原則　161
利用者保護　28
利用者本位　88, 98
利用者本位アプローチ　96

連帯　21

老人福祉法　76
老人保健法　76
労働環境　60
労働者　155
労働力率　60
老齢厚生年金　128

わ　行

若者組　33

Memorandum

福祉環境と生活経営
―福祉ミックス時代の自立と共同―

2000年4月10日　初版第1刷
2001年5月10日　第2刷

定価はカバーに表示

編　者	（社）日本家政学会　生活経営学部会
発行者	朝　倉　邦　造
発行所	株式会社　朝倉書店

東京都新宿区新小川町6-29
郵便番号　１６２-８７０７
電　話　03（3260）0141
FAX　03（3260）0180
http://www.asakura.co.jp

〈検印省略〉

© 2000〈無断複写・転載を禁ず〉　　シナノ・渡辺製本

ISBN 4-254-60015-1　C 3077　　Printed in Japan

R〈日本複写権センター委託出版物・特別扱い〉
本書の無断複写は，著作権法上での例外を除き，禁じられています．
本書は，日本複写権センターへの特別委託出版物です．本書を複写
される場合は，そのつど日本複写権センター（電話03-3401-2382）
を通して当社の許諾を得てください．

日本家政学会編

家政学事典

60006-2 C3577　　B 5 判　1008頁　本体30000円

家政学全分野を展望し，全1巻に集大成。〔内容〕家政学原論（家庭生活論，家政学の成立と発展，他）／家族関係（夫婦関係，親子関係，高齢者問題，他）／家庭経営（家事労働，生活時間，消費者問題，他）／家政教育／食物（栄養，調理・加工，保存と加工，食品素材，食文化，おいしさ，他）／被服（衣生活，服飾の表現，服飾の変遷，着衣基本，被服材料，被服の管理，住環境計画，他）／住居（住居史，住生活，維持管理，インテリア，他）／児童（児童発達，児童保健，児童の生活と環境，他）

日本家政学会編

家政学用語辞典

60009-7 C3577　　A 5 判　456頁　本体14000円

家政学として不可欠な専門用語約3400について，600余名の執筆者により，簡潔明瞭に解説。日々変化している社会との関わりも含め，境界領域の用語もできるだけ取り入れた生活科学辞典。好評『家政学事典』の姉妹書。〔内容〕アルツハイマー病／アールデコ／育児／うま味調味料／エコロジー／核家族／カウプ指数／学習指導要領／襲色目／高齢者問題／サーマルマネキン／児童福祉／食物繊維／住宅問題／単身赴任／日本家政学会／ヒーブ／風合い／母性保護／老人介護／他

日本家政学会編

和英英和 家政学用語集

60003-8 C3077　　B 6 判　708頁　本体7800円

家政学が包含する分野はきわめて広範であり，用語の整備は家政学を総合的に把握し理解するためには不可欠である。本書は表記の統一をはかるため，家政学原論，家庭経営学・家庭経済学，家族関係学，児童学，食物学，被服学，住居学，家庭科教育学の家政学各分野で用いられる独自の用語や学術上広く使用されている専門用語12000語を日本語と米語（もしくは仏語，独語）の対訳で表示した用語集。アルファベット順に配列し，日本語および英語の双方より検索できるようにした

井上義朗・杉田浩一・高橋公子・富田 守・野口 駿・皆川 基編

人間生活ハンドブック

60008-9 C3577　　A 5 判　628頁　本体14000円

人間生活の様々な側面を，家政学の立場から捉え編集。〔内容〕食生活（人体と栄養，健康と食生活，食品の安全性，食生活と文化，他）／衣生活（人間と服装，服飾デザイン，被服の材料，被服の取扱い，他）／住生活（住宅事情，住宅の入手，維持管理，間取り，他）／子どもの生活（親たることの教育，おもな小児疾患，他）／家族と家庭（家族関係，家族と保健・看護，他）／家庭経済（物価，消費者問題，他）／一般科学（暦，気象，自然災害，空気，水，エネルギー，コンピュータ）

阿部幸子・鷹司綸子・田村照子・中島利誠・丹羽雅子・藤原康晴・山名信子・弓削 治編

被服学辞典

62009-8 C3577　　A 5 判　480頁　本体17000円

被服学全般を一望の下に概観することができ，細部にわたる部分についても直ちに引用できるよう編集された五十音順の辞典。大学・短大の被服学関係の研究者・学生，家庭科担当の先生，被服に関する研究・業務にたずさわる人々の必携書。〔内容〕藍（天然インジゴ）／ISO規格／合着／間着／藍染／アイデンティティー／アイヌ服／アイビールック／アイメーキャップ／アイリッシュワーク／アイロン／アウグスト乾湿寒暖計／襖／青色御包／青み付け／垢／等，約3500項目

日本家政学会編 家政学シリーズ1 **家 政 学 原 論** 60551-X C3377　　A5判 208頁 本体3000円	着々と発展してきた実績をふまえ，家政学すべての領域の人に共通概念を形成するための基礎となるテキスト。〔内容〕家政学とはどういう学問か／日本の家政家のあゆみ／世界の家政学／家庭，家政を考える／これからの家政学
日本家政学会編 家政学シリーズ2 **家庭生活の経営と管理** 60552-8 C3377　　A5判 212頁 本体3000円	家庭経営学の現代の課題と展望を解説。〔内容〕家庭生活の経営と管理の科学／新しい時代の家計管理／生活時間・家事労働・疲労／高齢化時代・男女雇用機会均等法時代の家庭と社会援助システム／家庭経営領域の意義と問題／新世紀の課題
日本家政学会編 家政学シリーズ3 **家 庭 経 済 学** 60553-6 C3377　　A5判 232頁 本体3000円	家庭経済学とはどんな学問か，その目的，対象，方法について基礎を述べた大学・短大向けテキスト。〔内容〕家庭経済学とその方法／家計の収入と支出／家計の貯蓄と家計調査／税金と社会保障／消費者問題／家庭経済の変容―過去から将来へ
日本家政学会編 家政学シリーズ4 **家 族 関 係 学** 60554-4 C3377　　A5判 200頁 本体2600円	形態においても，スタイルにおいても多様性を増している家族関係について述べたテキスト。〔内容〕家族の形成と成長／家族の安定と緊張―中年期の家族／家族の衰退―老年期の家族／家族の危機とその対処／社会変動と家族の変化／他
日本家政学会編 家政学シリーズ5 **子どもの発達と家庭生活** 60555-2 C3377　　A5判 216頁 本体3000円	子どもの発達にとって，家庭生活がどのような役割をもっているかを発達段階ごとにまとめた。〔内容〕子どもの発達と家庭生活／子どもの発達と家族関係／子どもの発達と家庭教育／遊びと文化／子どもの衣・食・住生活／子どもの心理臨床
日本家政学会編 家政学シリーズ6 **子どもの発達と社会生活** 60556-0 C3377　　A5判 200頁 本体3000円	子どもの発達に，社会（親，きょうだい，大人，仲間，教育者，教育機関・施設，地域など）が，どのように影響を及ぼすかについて，具体的事例もあげながら解説。〔内容〕子どもの発達と社会生活・仲間関係・地域社会・社会臨床／遊びと文化
日本家政学会編 家政学シリーズ7 **子どもの発達と保育・教育** 60557-9 C3377　　A5判 256頁 本体2900円	子どもの発達段階ごとの保育と教育についてまとめた大学・短大のテキスト。〔内容〕乳幼児の発達と保育／児童・生徒と学校教育／子どもの健康教育／子どもと性教育／子どものしつけと文化／子どもの発達と治療教育／他
日本家政学会編 家政学シリーズ21 **生 活 文 化 論** 60571-4 C3377　　A5判 208頁 本体2800円	家政学としての生活文化論をいろいろな視角，切口から具体的なテーマを通して解説。〔内容〕生活文化とは，生活文化の歴史，比較生活文化，生活文化の研究／日本の生活文化―その特質（食，住，衣，子育て，家庭経営，老後）／現状と問題
日本家政学会編 家政学シリーズ22 **生 活 設 計 論** 60572-2 C3377　　A5判 240頁 本体2900円	〔内容〕生活設計考／現在の家庭生活設計の諸側面／生活設計と生活診断／高齢化社会への対応／生活の社会化と生活福祉／生活主体としての女性／生活主体の形成をめざす家政学教育・家庭科教育／家政学における生活設計と主体的生活の形成
日本家政学会編 家政学シリーズ23 **生 活 情 報 論** 60573-0 C3377　　A5判 164頁 本体2900円	多様な意味をもつ情報の中，本書は「生活に関する」情報について解説した。〔内容〕生活と情報／生活情報の種類と活用／生活情報の収集と整理／生活情報の伝達／生活情報教育の方法／生活情報教育の内容／高度情報化社会と生活

三東純子編
21世紀のライフスタイル
―豊かさとゆとりを求めて―
60007-0 C3077　　A5判 200頁 本体2800円

目前に近づいた21世紀を家庭経営学の立場から展望し，真に豊かでゆとりある生活実現のための提言〔内容〕物の豊かさと心の豊かさの調和／高齢社会への対応／情報化・高度技術化の渦中で／国際化の影響と展望／ゆとりある生活を築くために

前日本女大 宮崎礼子編
現代の家庭と生活経営
60014-3 C3077　　A5判 224頁 本体3000円

家庭の生活力が大きく変化を遂げているなかで，家庭の生活資源を見直し，新しく創り出すための現代の生活経営の書。〔内容〕家庭生活の経営と生活資源／生活資源の変化が家庭生活に及ぼす影響／家庭の生活資源と社会の生活資源

日本家政学会編
ライフスタイルと環境
60013-5 C3077　　A5判 168頁 本体3200円

家政学の立場から環境問題に取り組み，その成果を提示するとともに，今後への問題提起を行っている。〔内容〕人間生活と環境問題／ライフスタイルと環境への提言／家政学と環境問題／人間と環境の共生をめざすライフスタイルの創造

元日本女大 宮村光重・元日本女大 倉野精三編
家族の変化と生活経済
60011-9 C3077　　A5判 224頁 本体2800円

近年のわが国における急激な家族の変化が，食・健康・教育・高齢者介護・農家経営などの生活の諸側面に，いかなる影響を及ぼしているかを経済学的に分析。〔内容〕女性と家族／家族の変化の実態／所得と資産への影響／消費への影響

聖心女大 鶴田敦子・神戸大 朴木佳緒留編著
現代家族学習論
60012-7 C3077　　A5判 192頁 本体2800円

家族の現状と課題を分析し，「家族」学習の意味とその方向性を提案。〔内容〕現代家族を読む視点／家族の学習／家庭科における「家族」学習／家族に関する諸実践の特徴とこれからの課題／「家族」学習への提案／他

中西茂子・小原奈津子・小野昌孝・島崎恒蔵・角田光雄著
日本女子大学家政学シリーズ
家政学のための基礎科学
60532-3 C3377　　A5判 208頁 本体3000円

衣食住を対象とする家政学の内容の理解をより深められるよう，その土台となる基礎科学の知識をわかりやすく解説。〔内容〕化学の基礎／物理学の基礎／界面の科学／新しい材料／バイオテクノロジーとその家政学への応用／生活科学への応用

前和洋女大 好本照子・文教大 福田はぎの著
日本女子大学家政学シリーズ
家政学概論
60529-3 C3377　　A5判 184頁 本体2600円

人間の営みに深くかかわる家政学と社会とのつながりを追究する中で家政学の全体像を明解に解説〔内容〕家政学の意義と目的／家政学の対象と研究方法／家政学の起源と歴史／家族と家庭生活／家庭生活の諸側面／家政学の社会的展開

高橋種昭・須永　進・滝口桂子・坂本　健・宇都栄子著
日本女子大学家政学シリーズ
児童福祉
60536-6 C3377　　A5判 208頁 本体2800円

最近のわが国の児童をとりまく社会環境の様々な問題点を明らかにするとともに，福祉の実体と方向性を平易に解説。〔内容〕児童福祉の概念／法／制度／機関・施設／要保護児童対策／健全育成事業／児童福祉と近接領域／外国の児童福祉

大日向達子・並木　博・福本　俊・藤谷智子・向井敦子・石井富美子著
日本女子大学家政学シリーズ
発達心理学
60534-X C3377　　A5判 212頁 本体3000円

発達心理学の歴史から今日的課題までわかりやすく解説した教科書。〔内容〕歴史的背景／目標と方法／発達の一般的原理／身体と運動能力の発達／知覚と記憶能力の発達／言語・概念と思考・知能の発達／自己形成／発達の遅滞，測定と評価／他

山田妙子・戸田一雄・木本万里・江石義信・岩田正晴・北原正夫著
日本女子大学家政学シリーズ
生理学
60535-8 C3377　　A5判 248頁 本体3800円

生体の構造・機能の両者の密接不可分の関係を相互の関連性を重視しつつ平易に解説。〔内容〕人体の構成／生理学の基礎的事項／感覚／運動／脳と高次機能／血液循環／呼吸／消化と吸収／排泄／体液とその調節／内分泌／免疫／生殖／他

上記価格（税別）は 2001 年 3 月現在